毅冰◎著

外贸高手客户成交技巧

3

差异生存法则

中国海关出版社有限公司
·北京·

图书在版编目（CIP）数据

外贸高手客户成交技巧 . 3，差异生存法则 / 毅冰著 .
—北京：中国海关出版社有限公司，2019.9

ISBN 978-7-5175-0378-1

Ⅰ . ①外… Ⅱ . ①毅… Ⅲ . ①对外贸易—市场营销学
Ⅳ . ① F740.4

中国版本图书馆 CIP 数据核字（2019）第 185356 号

外贸高手客户成交技巧 3：差异生存法则

WAIMAO GAOSHOU KEHU CHENGJIAO JIQIAO 3: CHAYI SHENGCUN FAZE

作　　者：毅　冰
策划编辑：马　超
责任编辑：吴琳旖
责任监制：赵　宇
出版发行：中国海关出版社有限公司
社　　址：北京市朝阳区东四环南路甲 1 号　　邮政编码：100023
网　　址：www.hgcbs.com.cn；www.hgbookvip.com
编 辑 部：01065194242-7589（电话）　　01065194234（传真）
发 行 部：01065194221/4238/4246/4227（电话）　　01065194233（传真）
社办书店：01065195616/5127（电话 / 传真）　　01065194262/63（邮购电话）
印　　刷：北京鑫益晖印刷有限公司　　经　　销：新华书店
开　　本：710mm × 1000mm　1/16
印　　张：21.25　　字　　数：281 千字
版　　次：2019 年 10 月第 1 版
印　　次：2023 年 1 月第 4 次印刷
书　　号：ISBN 978-7-5175-0378-1
定　　价：69.00 元

前言 | PREFACE

相信很多老外贸人，经历过中国外贸发展的多个阶段：从躺着赚钱的黄金时代，到各展所长的白银时代，再到如今竞争激烈的后外贸时代。而年轻一代的外贸人总是在抱怨，经济形势不好，外贸环境不佳，国际需求萎缩，外贸前途渺茫，生意不如从前。这一说，就说了十几年，好像从来就没有碰到特别好的大环境，风口也与自己“绝缘”。

一、后外贸时代

我想说的是，这是任何行业发展的必然，不只是外贸行业。这个世界上任何行业，都有开始发展的红利期，也会进入众强环伺、巨头林立的时代。而如今的外贸行业，并不是大家口中的夕阳行业，而是从过去的红利期，真正回归到了市场化竞争，进入全球深度分工的状态。

我用“后外贸时代”这个词，是因为以如今的思维去思考，或把外贸当成一个单独的行业或个体已经过时，将外贸操作逐渐渗透到整个商业环节，把出口变成营销的一个渠道和方向，而不是割裂了去研究，成为趋势。我大胆预测一下，在很多年以后，中国或许就不会有专门的外贸领域了，而只有 business（商业）、marketing（营销）。这其中，export（出口）也好，

import（进口）也好，都是营销环节中的步骤而已。

再加上产业分工的逐渐精细化和复杂化，可能一部中国制造的手机，其中的零部件来源于十多个发达国家和二十多个发展中国家。设计和研发中心，或许分散于美国、芬兰、英国、日本；物流和统筹中心，或许位于中国；运算中心，或许位于俄罗斯；电池研发部门，或许位于韩国、日本和中国；芯片和集成电路，或许来源于中国台湾的几家大公司。这款手机，最终或许离开中国上海的自贸区，流转到全球主要国家的空港，而全球的物流商、经销商和代理商，还有各大渠道商，都深度参与进这个商业链条中，你能准确区分谁是出口，谁是进口，谁从中获益吗？

这就是如今全球一体化的过程，也是外贸行业被整体卷入这个大趋势的过程。所以我提出“后外贸时代”这个词，一言以蔽之，就是希望外贸人可以理解如今的国际分工，发挥自己的优势和特点，深入改变思维，并且参与其中。

二、“高手”系列与外贸业态变迁

我记得第一本《外贸高手客户成交技巧》写完的时候，是2011年年底，那是外贸白银时代的尾巴。我们还可以用过去的思维和工作方式，做简单的优化处理，通过提升销售思维和技能，继续买货、卖货。

7年后的2018年，成就了无数企业家和大老板的外贸白银时代，已经落幕，后外贸时代开启。在中国的经济总量跃居世界第二，往第一冲刺的时刻，国际分工变得更复杂，贸易摩擦更加白热化，过去的标准和要求，思维和技能，已经远远不能满足如今的需要。

因此，我根据欧美进口商和我国港台地区贸易商的优势和特点，写了《外贸高手客户成交技巧2：揭秘买手思维》一书，在帮助大家看世界的过程中，使读者了解买手的需求和关注点，反向思考。同时，根据我国港台地区业务员的特点，我重点分析了软实力的打造，以及如何避开销售过程中的误区。

而如今，商业社会剧烈变革，很多新的思维和想法逐步涌现，外贸行业自然迎来全新的机遇。我们如何不输给这个时代？如何拥抱和适应变化？如何跟大多数同行做得不一样？

这是如今这本《外贸高手客户成交技巧3：差异生存法则》想要告诉大家的。

未来已来，你在哪里？

毅冰

2019年7月12日于杭州

目 录

第一章　把你的专业贴上标签

第二章　让开发更有底气

第三章　谈判没有僵局

第四章　突破思维局限，夯实业务技能

第五章 风控始于起点

第一章

把你的专业贴上标签

专业不仅体现在产品中，

更体现在业务员身上。

你的气质，客户对你的第一印象，

往往会影响后续的谈判。

放弃固有思维，

贴上专业标签，

在起点惊艳客户！

第一节 “三位一体”人设打造法

我们可以设想一下，当你跟别人打交道的时候，会不会被第一印象所左右?

对方的外表干净整洁，或许会让你心情舒畅；对方的容貌十分出众，或许会让你眼前一亮；对方的衣品相当不错，或许会让你暗自赞叹；对方的气质温良谦恭，或许会让你如沐春风。

当你跟一个让你十分满意的人打交道，岂不是一大乐事？我们继续换位思考，在生意场上，客户喜欢跟什么样的人打交道？答案就是，让他欣赏和满意的人。所以你给客户的第一印象，往往就决定了，客户是愿意跟你继续沟通、继续深谈，还是想匆匆停止，不再继续，不再浪费时间。

这里的“第一印象”，绝不仅指容貌和外表，还涉及方方面面的东西，比如你的专业知识、个人谈吐、邮件行文、遣词用句、思维方式、沟通水平、谈判能力等。只有在一开始打动对方，至少不能让对方反感，才有可能进展到下一步。

对于陌生的客户而言，他不认识你，也不了解你，是一定带有防备心理的。这时候，你某个不专业的行为，或许就会让对方失望；你一个很小的疏漏，或许就会被无限放大；你不实的言行，或许直接就在客户心里被判“死刑”。

但在熟人之间，因为彼此了解，客户对你已经有一个固有的印象，所以有的失误，解释一下就没事了；有的不专业，或许能理解仅仅是因为资料不全面；有的谎言，可能只是文字上造成的误会。

陌生人之间，一旦产生了糟糕的第一印象，往往就会先入为主，引发十分糟糕的主观感觉。那么接下来的沟通会变得艰难，对方就会戴着有色眼镜来看你。哪怕一点风吹草动，或许你“言者无心”，对方却会“听者有意”。

这就是我为什么一直强调，要给客户营造一个良好的第一印象，因为在外贸工作中，这个“武器”的杀伤力，是无比巨大的，或许远高于你的理解和想象。

那具体该如何做？如何在一开始就征服客户，使客户对你青睐有加、另眼相看，觉得你跟大多数普通的业务员不一样？

我认为，需要利用“三位一体”的开发策略打造一个人设，也就是树立我们在潜在客户心中良好的第一印象。如图 1-1 所示，通过这个良好的第一印象，吸引买家的兴趣，产生化学效应，从而进入到你来我往、深入沟通的阶段。

而具体的执行，可以通过以下三个方面来加以落地。

– 架构 PES 逻辑思维

– 注意价值传递

– 攻防一体，进退有据

图 1–1 三位一体的开发策略（毅冰制图）

我们可以一一对应，去探寻每一条背后的内容，究竟如何在工作中实际应用，产生最大的价值，从而减少前期无效沟通带来的损失。

一、架构 PES 逻辑思维

这里的 PES，不是人名，也不是什么专有名词，而是 Professionalism（专业）+Efficiency（效率）+Service（服务）的首字母组合。

这三者的结合，绝对不是喊喊口号、写写标语、讲讲企业文化那么简单，而是要根据标准作业流程，把每一项落到实处，高度匹配客户的需求和痛点，让客户有真正的感触，甚至直接被打动。而在执行背后，首先我们需要树立一整套的PES逻辑思维，知道方向在哪里，才能有的放矢，有针对性地努力，而不是像无头苍蝇一样乱撞，貌似很拼命、很努力，却没什么效果。

这里还是要讲一个经常被提起的问题，客户为什么要选择你，而不是别人？

这个理由没什么特别的，完全可以通过逻辑思维来分析。客户愿意和一个供应商打交道，很大程度上，往往是因为前期的沟通比较顺利，或者被一个或是多个因素吸引、打动，从而能够继续深入交流，交换意见，探讨细节，确认样品，然后一步步进展到正式的订单。

我们常说，客户选择一个供立商，一定有内在的原因，也许是因为给他的感觉很专业，比较对口；也许是因为回复邮件的效率很高，非常努力；也许是因为产品的价格还不错，满足预期；也许是因为没有撒谎和添油加醋，十分坦诚；也许仅仅是因为，初次沟通的印象不错……

而客户拒绝或者不理会一个供应商，也一定有内在的原因，并非如许多业务员想象的那么无缘无故。也许是因为挤牙膏式的沟通太累；也许是因为价格太高；也许是感觉供应商不够专业；也许是觉得思维没在一个层面上；也许是认为业务员满嘴跑火车，缺乏诚信；也许是因为业务员在沟通中漏洞百出，一问三不知，毫不专业……

就如同我们耳熟能详的一句话："没有无缘无故的爱，也没有无缘无故的恨。"

客户消失，项目搁置，谈判停滞，邮件不回，电话不接，一定有内在的原因。我们要尽量避免思维误区，也不要盲从别人的"建议"，不能自己找不到切实的原因，就武断地认为"客户是骗子""客户质量不高""询盘比较垃圾""客户诚意不够"等。这些做法除了让自己心里好过一点，自我安慰一下，是没有任何实际帮助的。

下一次呢？难道继续这个循环？只要外贸做不好，都是别人的问题，都是别人的错，怨天怨地怨世道，抱怨生意难做、大环境不佳、恶性竞争充斥、黄金时代过去了。这能解决问题吗？显然是不行的。

我一直认为，在如今国际化的商业社会中，贸易一定存在，经济学的比较优势原理也揭示了这个道理。只要社会在运转，消费在继续，生产在继续，贸易环节是不可能断裂的。哪怕出现经济危机，需求锐减，但是真正对于贸易的影响，并没有大家想象中那么大。

案例 1-1　金融危机或许并未带来消费锐减

2008 年的时候，由美国次贷危机引发的全球金融危机，的确对外贸行业造成了一定冲击，可那是数字上的，具体到微观领域呢？很多企业的业绩依然在逆势增长，并未受到影响。我那时去了美国、德国、法国、瑞士，去了澳大利亚和新西兰，我看到的真实现象是，超市和百货公司依然一切照旧，大家生活依旧，并不是想象中的冷冷清清。

我和当地朋友交流后发现，金融危机的出现，无非是让原先非必要的消费，尽可能推迟而已。比如一个美国客户 Robert，他谈起自己打算换两组户外家具，把院子里三年前的家具替换掉。可因为经济貌似不景气，他就考虑明年再换。但也恰恰因为经济不景气，超市里 Bosch（博世，德国品牌）的电动工具组套打折促销，他入手了一套；中国产的刀具，12 把一个套装，非常便宜，他太太也入手了一组；平时的服装消费和家居用品消费，并没有因此而减少。

只是他想起，休闲方面的消费，的确是因此而减少了。比如一家人的旅行，没有像原先一样去欧洲，而选择去了美国境内的 Colorado（科罗拉多州）和 Ohio（俄亥俄州）；一些奢侈品的消费，如 Tiffany（蒂芙尼，美国品牌）的项链、Prada（普拉达，意大利品牌）的鞋子、3.1 Phillip Lim（菲利林，美国品牌）的衬衫，的确减少了。

因此最终他的结论是，他们并没有因为金融危机变得拮据，从而大幅缩减消费。金融危机仅仅带来心理上的压力和不确定性，使消费者压缩非必要的消费，控制预算，但并不代表不消费。

通过这个案例，当时我就明白了，很多外贸同人的想法是错的。我们每天对着电脑工作，看着新闻和网上的分析，能知道真实的世界是怎么样的吗？我们因为某些报价没有消息，某些项目没有拿下，就能判断客户和市场需求吗？自然是不可能的。所以通过工作中的某些个案、道听途说的一些故事，又如何可以纵观全局呢？市场上充斥着无数的产品、无数的供应商，我们可以设想一下，假设你是消费者，你如何选择？答案一目了然，你需要的，是你认为最合适且最靠谱的供应商，价格还算不错，各方面都能匹配，且三观一致。

（一）专业（Professionalism）

专业（Professionalism），就是在产品端和业务员背后的一切，让客户信服和尊重，起码在初始沟通时，使客户能被你打动，有一个不错的第一印象。图文并茂的详细报价单、严谨细致的分析报告、简洁而到位的邮件、精致且细腻的图片、客观翔实的第三方测试报告、一目了然的企业简介、过去的成功案例等，都可以是专业的组成部分，如图 1–2 所示。

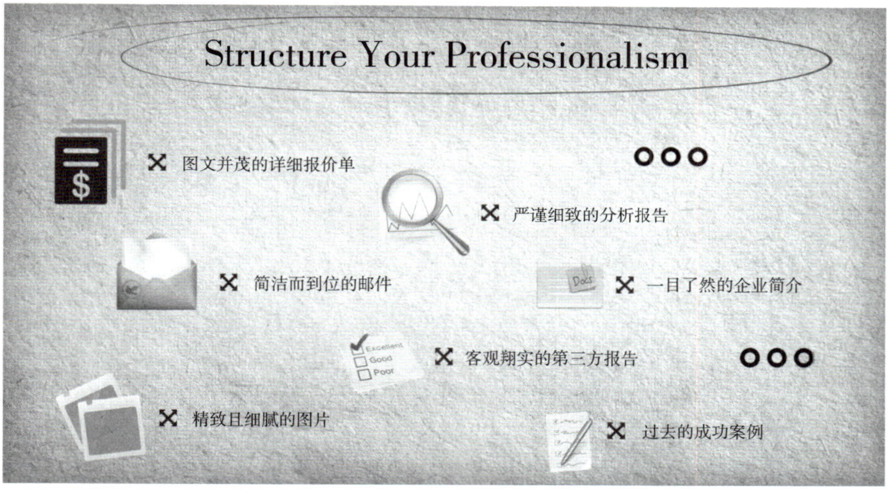

图 1–2 构建专业的第一印象（毅冰制图）

专业是一种特质，也是给对方营造的一种感觉。有些业务员经验丰富，天生擅长做这些，举手投足间，就能让别人感觉专业，这往往是长期历练的结果，也是长期训练和自我有意营造的结果。若是无法轻而易举办到，那就要通过一些包装，人为去完善它。

（二）效率（Efficiency）

效率（Efficiency），就是在客户需要的时候，第一时间给予答复。

我想要特别说明的是，这里的效率，指的是工作高效，不让客户长时间等待，或者不知道什么时候能得到答复，并不代表做事风风火火，这是两码事。说得更直接一些，就是当客户需要你的时候，你要随时恭候，为对方处理和解答问题，解决对方的疑惑；当客户不需要你的时候，你要消失，别在他眼皮子底下晃来晃去，别催命一样问个不停。

技巧性的跟进，专业化的探讨，第一时间解决客户的难题，急客户所急，该出现时就出现，该消失时就消失，这才是我想说的效率。

那如何量化呢？怎么样才算是高效率呢？我从不同维度简单列了几个要点，大家可以参照着思考自己是否算高效率。

– 参展期间，对当天接待的客户，是否晚上都发送了邮件，不论是报价，还是 *quick reply*（快速回复）？

– 对客户的询盘，是否第一时间回复了，不论是立刻给客户报价，还是告知邮件收到及给予详细答复的时间？

– 当天事，尽量当天毕。每天该写的邮件，该打的电话，是否能按照计划保质保量地完成？

– 假设一个新客户的新询盘，涉及全新的产品和领域，需要对比多家供应商后再整合资源进行报价，能否在一两天内，就给出完整详细的报价单？

可以尝试着自己打分，每一条 25 分，算算自己的总分是多少。

（三）服务（Service）

服务（Service），不只是一个口号，而是真实的行动、标准的流程。

什么样的服务才算好？相信每个人都有自己的理解，都有切身的体会。

Good service（良好的服务），绝不是嘴上说说，不能停留在所谓的企业文化和口号里，而是要落到实处，让客户有所感，让客户发现你跟大多数同行不一样，这个差距所营造出的第一印象，才是你应该追求的。

你不要觉得只需要服务好老客户，因为这是公司的核心利益，需要调动一切资源为老客户服务。错了，老客户的维护固然重要，但是新客户的开发更重要。不去服务好新客户，公司的客户结构就容易出现断层，从新客户到老客户的转化率不高，浪费大量的成本和时间，就无可避免。

我想通过亲身经历，来反向说明服务的重要性。

案例 1–2 日本商家的一流服务

2011 年我在东京出差时，去银座的某家商店买了件衬衫，只穿了一次，袖口就裂开了。要知道，出差的时候，碰到这种糟心事，心情会变差，因为又得重新买衣服，再浪费一次宝贵的时间。

我当时自然就暗下决心，品质这么烂，以后无论如何，都要对这个品牌敬而远之，绝不买它家的任何东西。

可没过几天，正好在那附近闲逛，走着走着又到了那家店。我就特意进去，跟他们的员工抱怨，他们的衬衫品质不行，穿了一次袖口就破了。

对方的营业员很惊讶，连忙把我请到里面坐下，端上咖啡，然后小跑出去，叫经理过来处理我的问题。

其实在那个时候，从我的角度而言，仅仅是抱怨一下，出口气，并没有索赔的想法。毕竟衬衫破了，我早就扔进了酒店的垃圾桶，可能已经被清洁的员工打扫掉了。而我当时也没有保留消费凭证和刷卡单据，因为压根儿没想过退货或者换货，毕竟只是一件衬衫而已。

可是那位经理的做法，直接让我改观，甚至专门思考了这个危机公关的案例。如果我们能把他的做法用在外贸中，稍作调整，会带给客户很大的改观。他进来后，首先向我鞠躬、道歉，表示会调查这个问题。如果真的是品质原因，他需要向总部汇报，联系厂方改进，同时做好消费者的退款或者换货服务。

当我表示，已经找不到购买衬衫的单据和刷卡凭证，破的衣服也已经扔掉时，我原以为这位经理不会相信我的话，因为我没有证据，证明自己在这里消费过，也无法证明买的衣服真的破损了，不是人为，而是质量问题。

可我没想到的是，经理连忙表示没关系，他相信我不会说谎，也不会随意污蔑他们。他只需要我告诉他，大致购买的时间、数量和金额就可以。结果他在系统里一查，的确有对得上的消费记录，就给了我三个方案来选择。

方案一：3 倍赔偿，直接从店里拿走现金。

方案二：3.5 倍赔偿，但是付款到我的信用卡，大约一周到账。

方案三：4 倍代金券赔偿，可以直接在店里消费，或者在日本任何一家同品牌连锁店抵用现金消费。

考虑到我是公务出差，而且担心信用卡退款会到账不及时，商家可能会跳票，我选择了第一个方案。虽然我在这家店里没有继续消费，但是我记住了这家店，也记住了这位经理——Tanaka（田中）先生。

这一次原本不愉快的购物经历，因为对方良好的服务，反而让我记忆深刻。这个经历，我后来也经常跟一些朋友讲起，就是赞美这个品牌业务员的处事方式和服务意识。

我本来已经对这个品牌失去信心了，但是他们负责任的态度，重新赢得了我的信任，甚至忠诚度更甚从前。

从严格意义上讲，这属于危机公关，当然也属于“大服务”的范畴。商家表面上损失了收入，因为过失而使得订单亏损。但是他们没有逃避，而是选择勇于承担，做了自己该做的，反而赢得了客户的信任，把坏事变成好事，打开了传播渠道，等于给品牌打了一次广告，何乐而不为呢？

我们做外贸，也需要有这样的意识，把眼光放远，高屋建瓴地考虑问题，而不是计较面前的一分一毫，反而被格局所限，容易失去更多。

我们把 P（专业）、E（效率）和 S（服务）相结合，架构 PES 逻辑思维，并渗透到开发和谈判的工作中去，用心跟客户打交道，营造一个与众不同的气场和良好的第一印象，这么做至关重要。

二、注意价值传递

请注意，这里我说的是价值，不是价格。

很遗憾的是，在现实中，我看到的大多数业务员，给客户传递的，往往就是“我们这个产品 ×× 元”。如果客户不回复，他们就会胡思乱想，会觉得是不是价格报高了，然后再调整价格，甚至直接询问客户的目标价。好比以下这个案例中的情景对话，有没有觉得似曾相识？

案例 1-3　毫无建树的价格传递

客户：你们 ST-239 这款工作灯的价格是多少？

业务员：你需要多少？想要怎么样的包装？数量、包装不同，价格也是不一样的。

客户：我不确定你们的起订量、交货期和付款方式，就按照一千个给我报价吧，包装就用彩盒。

业务员：25 美元一个。

客户：价格很贵啊，我需要考虑一下，谢谢！

业务员：我们最低可以卖 23 美元。

客户：还是有点高，我再看看，跟其他供应商比较一下再决定吧。

业务员：我们的质量很好的，那请问你的目标价是多少？我跟我老板申请看看。

……

这种做法，坦白说，并不专业，也没有任何技术含量。业务员变成了讨价还价的小商小贩，而不是真正意义上的顾问式销售、专业化谈判，跟大多数同行，又有什么差异呢？如何在开始接触的时候，让客户有好印象，从而跟你继续探讨？

我们要传递的是 value（价值），而 price（价格）是跟 value 息息相关的，是体现价值的价格。为什么客户觉得贵？那是与其他供应商比较得出的结论，是根据客户自己的经验和市场情况的评估，也有可能是谈判的策略。

这些都不重要，重要的是，你的价值，能够在某些方面让客户有兴趣，有兴趣继续探讨，有兴趣进一步沟通，从而磨合彼此的需求和合作，才有可能达成共识。这本来就是一环扣一环的过程，是没有办法缩短中间环节，突然成交的。

而莫名其妙降价，或者询问目标价，往往是业务员为了缩短中间环节，人为加速订单的谈判过程，甚至跳过一些必要的步骤而抢单，这本身就是很荒唐的，只会让客户反感，甚至失去信任。单纯的价格传递、低价策略，只能吸引一小部分客户，但会积累更多的不信任和怀疑，客户认为价格过低了，会不会是产品有问题，甚至产生供应商会不会是骗子的疑虑。

我们要改变的是，第一时间给客户传递的是我们的价值，而价值背后的产品价格，是在探讨需求后，下一步需要讨论的细节问题。有了大方向，许多事情达成共识后，再探讨细节，是否更加顺理成章呢？我们可以从三个方面来考虑，如图 1–3 所示。

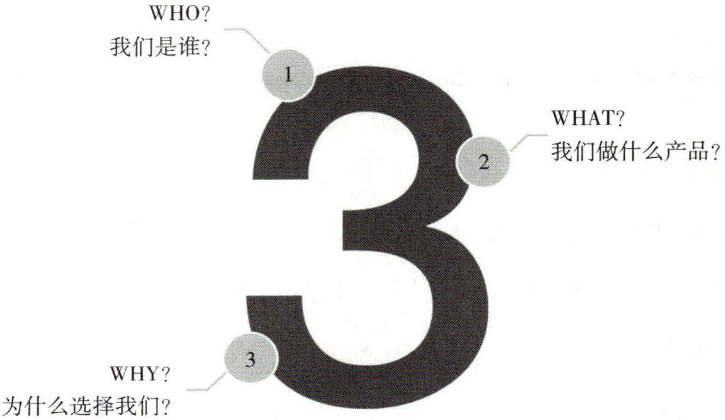

图 1–3　价值传递的三点思考（毅冰制图）

（一）我们是谁

第一个问题，我们是谁？

这是我们需要告知客户的。我们有自我认知，完全认识且了解自己公司，但是客户不认识我们。如何在最短时间内，长话短说，简单介绍自己，并且给对方留下一定的印象？

（二）我们做什么产品

第二个问题，我们做什么产品？

客户或许是主动过来询价的，也有可能是我们主动开发的陌生客户。哪怕是前者，客户也不见得会对我们做详细的 background research（背景调查），或许仅仅是询问某一款产品的价格。这个时候，如果单纯报价，客户会通过一个价格来比较多家供应商，往往会让优质供应商陷入价格参照物的被动处境。所以我们需要主动强调自身的优势和特点，告知客户，我们做什么产品，以及我们在这方面很专业。这不是嘴上说说的专业，需要有具体的内容和证据来支撑，让客户亲眼看见。这是我们需要主动传递的。

（三）为什么选择我们

第三个问题，为什么选择我们？

这是在传递了上述两个方面的信息后，让客户进一步地了解我们，也就是主动营造出差异化和专业化之后，推一把，让客户真实感受到，跟我们合作的优点和便利性。我们不会主动催客户决定，但是会做出有理有据的分析，最后让客户自己决定，从而做出对他自己最合适的选择。

若是将这三点思考渗透在前期的沟通和谈判中，案例 1-3 的情况，或许会变得不太一样。

案例 1-4　深入思考的价值传递

客户：你们 ST-239 这款工作灯是什么价格？

业务员：这款灯的单价，为 18~25 美元，根据不同的要求和包装而不同，这个价格仅仅给您参考。我回头可以发一份详细的报价单和产品的细节文件给您。如果您有兴趣，我们随时可以按照要求准备样品。

客户：嗯，我多比较几家供应商，再联系你吧。

业务员：没问题，我们也希望您可以找到最合适的供应商。不过坦白说，我们有信心可以成为您的主要选项之一，毕竟我们在这个领域做了17年。工作灯是我们的核心产品，技术积累、研发能力和品质认证等方面，都有相当的实力，所以几个知名的国际企业，比如美国的ABC公司、德国的DEF公司，都是跟我们深度合作的。我有理由相信，在价格上，我们或许不是最便宜的，但是从整体上考虑，我们一定是值得信赖的合作伙伴，能够保证品质和交货期，控制风险，保证您的利益不受损害。

客户：明白，你把报价单和相关资料先发给我吧。

业务员：当然当然，我今晚会把详细的产品资料和报价单一并发给您参考，包括相关的认证和测试报告。我们非常希望能成为您的供应商，有任何其他问题，我们可以进一步沟通和探讨。

这就是从基础的“价格传递”进入“价值传递”的过程。价格根据数量和要求的不同而不同，谁都知道，这根本不用说，只需要通过区间报价或者梯度报价，让客户有一个大致的印象就好。因为客户不傻，谁都知道，初次沟通时的报价并不代表成交价，所以前期在价格上来来回回地谈，毫无意义，客户仅仅需要知道价位而已。

这就好比我们买房子，我们一上来就会问价格，单价大约多少，总价大概多少。我们也知道一房一价的规矩，但是我们还是会问销售顾问，因为我们需要知道大致的价位，这会让我们心里有底，然后分析自己的预算，究竟可以买多少平方米，什么楼层，什么户型，从而进行接下来的决策。

从开发到跟进、售后，这套“价值传递”的思维是可以贯穿始终的。

三、攻防一体，进退有据

你喜不喜欢跟一个刺猬般咄咄逼人的家伙打交道？

你喜不喜欢跟一个问一句答一句、不问不答的闷葫芦打交道？

我相信除了有特殊癖好的人外，大多数人都会对此作出否定的回答。谁有事没事给自己找不痛快呢？

在生意场上、谈判过程中，也是如此。

（一）一封咄咄逼人的邮件

我相信道理大家都懂，但是很遗憾的是，在开发客户的过程中，还是有无数的业务员在不断重复着上述两个让人反感的行为。或许说别人容易，审视自身比较困难吧。比如图 1-4 体现的，就是许多业务员在开发过程中喜欢做的傻事。

可以看到的是，邮件看上去还不错，表述和语法上也没有什么问题，但是思维上犯了大错，攻击性过强。或许写邮件的人不觉得，但是收件人看在眼里，会皱眉，会反感。

很多业务员会觉得冤枉。理由是：我提这些问题，都是跟产品以及合作相关的啊！我只有知道了客户的角色、具体的数量和一些合作的细节，我才可以核算准确的价格，这有什么问题？

问题是没有，但是不应该这样做，而要用一些巧妙的手法，逐步渗透，在沟通和探讨中慢慢交换意见。如果一上来就开门见山，让对方按照你的规矩

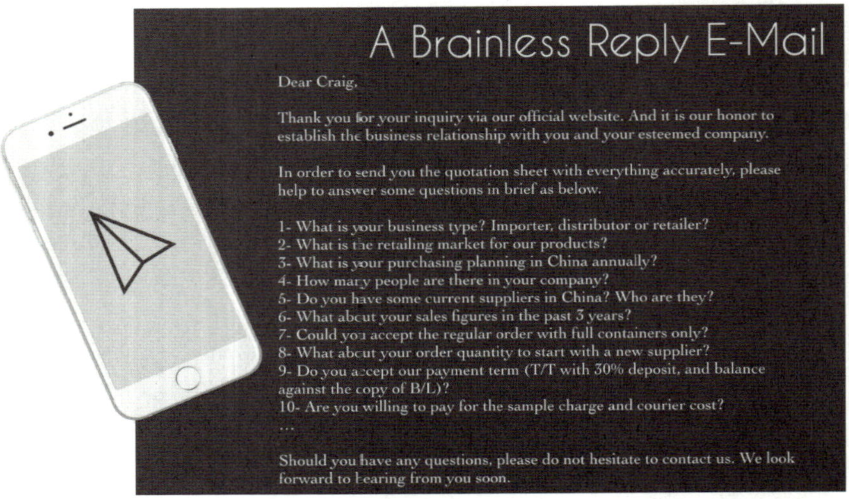

图 1-4　一封没脑子的回复邮件（毅冰制图）

一五一十交代，你不是法官，对方也不是犯人，他们没有必要回答你的十万个为什么。

只有一种情况，就是当供应商无比强大，乙方远远强于甲方的时候，那客户自然不得不低头，按照你的规矩来做事，哪怕规矩再苛刻，也没有别的选择，只能选择接受。这就是现实，就是角色不对等造成的。

可在平等的状况下，甚至客户的话语权还略强于供应商，是买方市场的时候，业务员这样的回复邮件，只能等待被客户束之高阁的命运。我们甚至可以换位思考一下，客户每天有无数工作，还需要接触十几二十个新供应商，如果每个业务员都这样，要对方回答这个，填写那个，客户有那么多时间吗？那就只能逼着对方，大浪淘沙，从联系的供应商中选择三观最匹配、印象最好的，继续沟通和谈判下去。

因此我们要换位思考，站在客户的立场去看自己的邮件，哪怕出发点是好的，但是给人的感觉却是截然相反的，攻击性太强，那么也是不可取的。

反过来，要是攻击性太弱，对方问一句，你答一句，不问就不回复，跟进也是毫无营养的催促，同样会让对方反感，觉得沟通太费劲。

（二）攻防一体的沟通方式

我们强调的攻防一体，其实某种程度上是一种“度”的把握，在沟通和谈判过程中，逐步试探，逐步引导，一点一点出牌，根据客户的情况和反馈，不断调整接下来的步骤和跟进策略，不给对方恶劣的第一印象，可进可退，这才是理想的状态。

比如下面这个案例，可以供大家参考。

案例 1-5 将提问巧妙渗透进谈判中

客户：你们的价格太高了，15 美元的价格我们没法接受。

业务员：是的，我完全同意，我也认为这个价格偏高。这里面的核心问题，就是两个配件的采购价格居高不下，我这边会跟供应商继续探讨，看看有没有降低成本的方案。我可以确保的是，可以节约 1 美元左右，在装配环节稍微优化一下。

客户：什么时候可以给我答复？

业务员：我尽量控制在三天内，把我跟供应商的谈判结果，给你一个详细的汇报。对了，我们能否先预估一个大致的数量？这样我在谈的过程中，可以心里有底。除此之外，在管理成本上，我也会尽量压缩，把价格再设法往下压一压。

客户：行，我这边也没有明确的计划，你们起订量是多少？

业务员：起订量是 1 000 个，要不这样，我按照 1 000 个、3 000 个和 5 000 个，分别给你报价吧？

客户：好，就按照这个来吧。

业务员：根据我的了解，这类产品的零售价可以控制在 30~45 美元，不知道你这边是如何做销售计划的？如果是 45 美元，我认为我们的价格是可以接受的，也可以维持你的利润。但如果是 30 美元，那就有点悬，我可能要想方设法把价格降到 10 美元左右了。

客户：这款产品的竞争十分激烈，有很多同行在卖，也有网店的冲击，我是希望把常规价格定在 24.99 美元，促销的时候，就直接定 19.99 美元了。

业务员：好的，完全明白，我这边立刻跟同事紧密协作，争取三天内给你准确、详细的答复。

大家可以看到，案例中的业务员也进行了提问，但并非直截了当、生硬地询问，而是在沟通中进行一次次渗透式的提问。每一个回合，业务员都是先肯定客户的意见，在尊重对方的同时，让对方有同理心，然后在肯定的过程中，顺带提出一些自己的专业的建议，这就变成了一种顾问式的销售，在逐渐掌握更多信息后，提出更多的想法。

对于这样的供应商，客户的感觉会是怎么样的呢？自然而然，客户会不自觉地谈更多，说更多，沟通会更加顺畅。而业务员在这个过程中，也能掌握更多的信息，让接下来的谈判更加有章可循。

综上所述，文中讲述的三个方面（架构 PES 逻辑思维；注意价值传递；攻防一体，进退有据），构建了“三位一体”的开发策略，塑造了专业人设，吸引了买家兴趣，通过沟通和谈判产生化学效应，从而让客户有了良好的第一印象。在后面的谈判中，业务员可以通过这种“先入为主”抢占先机。

第二节　做好功课，换位思考

很多业务员会觉得，有些客户的性格难以捉摸，很难打交道，不知道他们心里究竟在想什么。往往你报以极大热情的时候，对方会以冷眼相对；你全力以赴做一些事情的时候，对方或许并不领情。很多业务员每次都因为这些事情感到很受伤，好心被当成驴肝肺，或者认为客户不识趣、不识相，做生意毫无诚意，从而极大地挫伤了工作积极性。

其实我想说的是，不一定就是客户的性格存在问题，过于冷淡或者冷漠，而是我们没有掌握好方法，没有找到真正适合对方的沟通方式。这里的根本原因，是我们不了解对方的思维方式，而简单粗暴地将我们的观念强加于别人身上，从而得出一个简单粗暴的结论，这显然是不靠谱的，也是不理性的。

印巴客户、中东客户、欧美客户、日韩客户、拉美客户，其实都是不一样的。哪怕是同一个区域的客户，也有各种不同，业务员需要根据具体情况进行分析，找到双方契合的沟通方式。

一、正确认识不同思维模式的存在

从图 1-5 中，你看到了什么？

图 1-5 一个冰激凌甜筒（毅冰制图）

有些朋友会想，这里有一个冰激凌甜筒。

有些朋友会想，还有没有更多的冰激凌甜筒？

有些朋友会想，其他的冰激凌甜筒去哪儿了？

有些朋友会想，图上还有一个省略号，是不是表示后面还有其他东西？

有些朋友会想，为什么要把这张图放在中间？

有些朋友会想，给我看这张图的意图何在？有什么暗示？

其实每个人的想法，都是对的，只是思考问题的角度不同罢了。我们需要做的是求同存异，我们自己的想法没错，并不代表别人就一定错了，或许有第三种可能，不是吗？

而很多朋友的问题，恰恰在于，不去了解对方的观念和想法，总是把自己的观念强加于人，让别人去接受。如果别人不接受，就会很生气，觉得人家有问题，人家不领情，这会让自己很心烦，也让对方觉得十分痛苦。

案例 1–6 礼尚往来的观念差异

举个例子，很多中国人喜欢给客户送礼，觉得这是礼尚往来，希望可以先留个好印象，礼多人不怪，方便以后打交道，这是没错的。但是东方人和西方人的观念及文化，本身就有很大差异，这也是事实。

中国人喜欢送绿茶，比如西湖龙井、黄山毛峰等，认为绿茶可以代表东方文化，送给客户，可以展示我们极大的尊重和诚意。可欧美客户呢？大多数根本没有喝绿茶的习惯，而习惯喝红茶和咖啡。你送几千块钱一斤的高档绿茶，觉得下了血本，但对方或许根本就不知道，甚至嫌行李太重，索性把茶叶扔在酒店房间不带回去。这就是暴殄天物，太可惜了，送一个别人不用的东西，还不如送一包咖啡或一罐红茶让客户开心呢。

我们可以换位思考，假设你孤身一人去马来西亚出差，当地客户送你两盒最贵的猫山王新鲜榴梿，对方可能很客气，这个真的是好东西，你也很懂行。但可惜的是，你根本不吃榴梿，很讨厌这个味道，而榴梿又不能带上飞机，你没法带回国，你会怎么做？可能最后也是扔在酒店房间里，不要了。

这就是同样的道理。不是说你不热情，不是说你不好客，而是仅仅站在自己的立场去考虑问题，没有换位思考，也没有注意别人的需求。

正是这种思维方式的差异，带来许多误会，才会使双方觉得沟通不畅，没有在一个频道上。

二、摸透不同文化背景下的客户思维模式

在我看来，亚洲人和欧美人，本身文化和习惯不同，所以思考问题的角度自然不一样。比如在我们亚洲人眼里，做生意，首先是要跟信得过的人合作，先成为朋友，才有长期的生意往来。但是欧美人不同，他们更注重利益，只有在合作层面没问题，才有可能顺便发展一下私人交情。

这个差异往往会在实际的合作和订单操作中体现得淋漓尽致。公是公，私是私，这是欧美人观念中的大原则。所以千万不要认为，你在一个客户身上投入了大量的时间和精力，逢年过节都送礼，建立了私人交情，甚至跟他太太和几个孩子混得很熟，就以为在生意上，他会多照顾、多偏向你一些，这是两回事。

在他们的观念里，你跟他交情很好，这是私人的事情，他可以跟你一起打球、一起吃饭、一起泡吧，但不代表就能一起做生意，他不会因此而影响工作。在工作中，只有在同等条件下你跟其他竞争对手没什么差别的时候，他或许会因为你们的私人交情而优先考虑你。如果你跟同行各方面都差不多，

但是价格高了10%，抱歉，他依然会跟你讨价还价，依然会因为你价格偏高而转单。

前阵子，一个学员在答疑平台里的提问，勾起了我不少这方面的感慨，所以写下这些，就是希望给大家一些警醒。别人不是“白眼狼”，也不是不识时务，而是你不懂他们的思维方式。仅仅套用自己的观念和想法去跟他们打交道，结果自然是远不如预期。

案例1–7　斤斤计较且不识抬举的客户

这位朋友的原文如下。

毅冰老师好！我最近遇到一件很棘手的事，希望老师在百忙之中点拨一下。

7月初，我前公司合作过的一个客户，携老婆和两个女儿来中国玩，顺便来拜访我的新工厂（因为前公司的产品有质量问题），在工厂附近住了一个星期左右。虽然这位客户还没跟我的新公司合作过，但我的新老板很给力，这期间付了两晚的酒店费用，加上各种款待、礼物，在他们身上花了四五千元。

其实，我是不同意给客户出酒店费用的，但老板比较热情，跟客户一家相处得也不错，我也没说什么。客户走后老板说花了不少钱，我知道他还是心疼的。客户走之前对我们的工厂和接待都特别满意，回去后也要了报价单，可至今都迟迟没下订单。最近通过客户的Facebook，我发现客户在销售另一种产品，问客户，他只是说我们的产品还在推广阶段。

这期间有一个小插曲，客户走之前因为行李超重，决定从在国内买的工业果汁粉中拿出15公斤，放在我们这里。我们一直以为客户不要了，所以他走后老板就随手送人了。昨天客户发邮件过来，让我们把这些工业果汁粉快递给他，我们才发现前面的沟通有误，客户的意思是先寄放在我们这里。现在客户着急要样品，我急忙联系了他的供应商，供应商说数量太少不卖给我。鉴于客户强调了一句“这种果汁粉很贵的”，我和客户商量说等他下单后我从货值里扣除掉，客户还是不大满意。

昨天给果汁粉的供应商打电话，对方口头报价，说大概需要一千元人民币，今天又说让客户报给我，我估计客户报的价格会高很多了。老师，我想知道，如果客户真的让我们承担这些费用，我们应该承担吗？我一直觉得客户不是这种贪小便宜的人，如果真的跟我们计较这些费用，我跟老板都会很寒心，毕竟当初不计成本地热情款待了他们，难道还抵不上这些费用吗？还是说，我们的做法一直有问题？

还有一件事，客户来之前，我们曾帮他妻子垫付过一些采购费用，大概有700多元人民币，到现在也没好意思要回来，我一直想等客户下单后从订单里扣除。现在看来，这件事如果处理不好，估计今后也不会合作了。

说得有点啰唆，但我真的不擅长处理这些事，请老师帮忙指点一下，谢谢！

这一类问题，我相信很多朋友碰到过，也经历过。大家换位思考一下，如果你设身处地，碰到类似于这个学员的问题，你会是什么感受？你的第一反应，是不是暴怒？第二反应，是不是寒心？第三反应，是不是绝交？

如果你这样想，那我很遗憾地告诉你，你仅仅是带着情绪看待问题，还没有真正弄清楚事情的核心和本质所在。当然，你也很难想到，究竟为什么会造成这样的结果。我们要透过现象去看本质，才能在未来的工作中，避免这类误会和纠纷发生，也不至于因为文化的差异，影响自己跟客户打交道的立场。

我不能说这个学员的做法完全错误，只是在工作中，过多地夹杂个人情感，反而让标准作业流程变得不标准，加上跟进和谈判的过程中出现了漏洞，才造成了这么遗憾的结果。下面是我给她的回复，希望可以给大家带来一些启发。

案例 1-8　生意和私交是两码事

第一，款待可以，客户千里迢迢来访，我们尽地主之谊，接送、请客、吃饭、送礼，这些都是没问题的。但我要指出的是，酒店费用理论上应由客户自己承担。并不是说，你为客户支付了 100% 的费用就是最好的，其实最理想的方法是你们好好招待他，支付 70%~80% 的费用，但还是要他自己出点钱的。为了避免客户来骗吃骗喝，国际上的惯例就是，机票及酒店的费用由客户自己承担，其他的接待和餐饮费用等，供应商可以承担。

第二，不是寒心不寒心的问题，这要一码归一码。客户行李超重，东西放在供应商这里，供应商是绝对不可以擅自处理的。哪怕客户当时口头上说，处理掉吧或扔掉吧，供应商表面可以应承，但是等客户回去后，还是要通过邮件重新确认，这部分东西如何处理。除非客户明确告诉你可以扔掉，你才可以扔掉。我一直强调，并且反复强调，一切落于邮件，标准作业流程不是说说而已的，是一定要这样做，否则问题就来了，容易产生误会。

第三，按照规矩，没有确认清楚样品的处理方式，这是供应商的操作失误，的确应该重新购买一批，给客户快递过去，承担相应的损失。这跟私人交情中付出了多少，送了多少礼，垫了多少钱，并没有关系。因为公是公，私是私，而这里最大的问题，就是公私不分。

第四，维护私人交情，请客吃饭、送礼、招待，都很正常。我的一个美国客户来中国，也是一大家子人过来旅游，我请他们去顶级的粤菜馆吃饭，一顿饭花了差不多两万元，再加上安排两辆奔驰车全程接送，一个礼拜下来，也花了很多钱，客户玩得很开心。但是工作上，因为一个吊卡的失误花费500美元，照样要给客户赔款。但是我不会认为，我花了好几万元招待客户，他不应该跟我计较几百美元的事情。因为这是公事，跟私人交情没有关系。

第五，因此不可以用中国式的思维方式，去跟欧美人打交道，然后把自己的思维套在别人身上。欧美人的思维方式，就是直来直去的。在他们看来，我跟你的确是朋友，私人交情很好，在中国你用心招待我，我很满意，哪天你来美国，我当然也会接送你，也会带你去吃去玩，这就是礼尚往来。但是在工作上，他们还是会跟你吵架，会跟你拍桌子，跟你为了样品费用争论不休。但是吵完后，他们或许会跟你说：“我们下周来个家庭旅行吧，两家人一起去香港玩几天。”这就是公和私的差别，我们必须分得一清二楚。

第六，帮客户妻子垫付了700多元人民币的货款，这是生意上的协助，是需要让客户承担费用的。我还是那句话，一码归一码。专业的做法，是告知客户这个情况，然后询问，这个费用是在接下来的订单里扣除，还是你们做一个invoice（发票），客户按照金额来付款，再根据客户的反馈来决定。这是公事，不要认为金额不大就可以不提，客户不会感激你，或许一转头就忘了，但是你因为这个事情，觉得客户贪小便宜，其他事情很计较，这就错了。

在我看来，我们中国人热情好客，来者皆是客，“有朋自远方来，不亦乐乎”，这本身是一个很好的品质，也是经常被大量的欧美人在教育和文化中忽略的。或许以我们中国人的道德标尺来衡量，会发现他们总是缺少人情味，做事情一板一眼，很死板，很难打交道，甚至吃你的喝你的，有的时候都觉得理所当然，不知道礼尚往来。

可在欧美人眼里，“你”跟“我”的界限，有的时候是需要分清楚的。每个人都是一个独立的个体，有自己的空间，跟他人都应该保持一个安全距离。这就是为什么，在欧洲，两个刚认识的朋友一起出去吃饭，大家会选择go Dutch（AA制，各付各的），一起分摊费用，大家都很自然，彼此都没有任何压力。这就是文化和思维方式造成的差异，我们哪怕不认同，也要求同存异，尊重和理解别人的习惯和想法。

三、尊重异域文化

案例 1-9 在瑞士餐厅的一次经历

我有一次在瑞士旅行，在洛桑找到了一家宁波饭店吃饭，有五香牛肉，有白蟹炒年糕，可以大快朵颐。当时隔壁桌是六个在当地读书的留学生，有中国人、英国人、德国人，还有坦桑尼亚人，他们都是同学，非常熟悉，聊得很开心，中国学生还给外国同学介绍年糕，介绍宁波汤圆，大家边吃边聊。

因为洛桑这个城市是瑞士的法语区，所以宁波饭店的老板娘不会讲英文，只会说法语和中文。自然，这个中国留学生就担当了翻译，一方面跟老板娘说中文，另一方面跟这些学生们讲英文。买单的时候，他们也是很自然地把账单分成六份，中国学生付的是现金，其他五个人都是刷卡。也就是这桌饭菜，刷五次卡，收一次现金，才把账收齐。

可能在我们看来，这太麻烦了啊！还不如我请客，你们下次请我吧！但是对于欧美人来说，这会给他们造成心理负担，因为吃了你一顿，感觉总是欠着你的，时时刻刻要找机会回请你一顿，把这个人情还了。这个心理负担对他们而言是一种压力，还不如大家清清楚楚，一起吃饭，然后各付各的。

或许你会说："那还有更简单的，买单的时候，我先买了，其他人回头给我钱就是了。何必在餐厅里，一人付一次钱，连续付六次，不仅浪费时间，给老板造成麻烦，大家面子上也不好看。”

事实上，这没有什么好看不好看的，在他们的观念里，这是再自然不过的一件事情。如果一个人先付钱，那剩余五个人回头要给他钱，这对于付钱的人，也是一种心理压力。万一这五个人，两个立刻给了钱，剩下三个没给，买单的人是问他们要钱，还是不要呢？如果要，对方或许会想，“你怎么那么急啊？我又不是不给，我晚一点自然会给”；如果不要，那损失的就是自己，心里也会十分难受。

这也是为什么，他们会选择直接分账单买单，因为这就是让所有人都没有压力，彼此都没有后顾之忧。这个事情，从买单以后，就结束了，大家都不用再放在心上了。下次组织聚会或者聚餐，那是下次的事情，大家再约再商量就是了，谁都不欠谁，彼此两清。

欧美人的思维方式，跟我们中国人的思维方式，有时候是相通的，但还是有相当多的不同之处。求同存异，这是跟他们打交道的核心。要了解对方的想法，尊重对方的文化，知道对方想什么，为什么会这样想，这才不至于在沟通和谈判中出现误会，让彼此心里不快。

我们更需要思考的是，在外贸工作中，我们有没有把自身的思维方式套用在别人身上？有没有自己认定的事情，就固执地认为别人必须按照自己的想法来做？

如果有，那需要检讨，在未来的工作中时刻警醒。

如果没有，那说明已经能客观地看待问题，理解思维差异的存在。

第三节 放弃套话，用软实力构建防火墙

一、毫无营养的话术

我们可以确认的一点是，大多数朋友在跟新客户接触和沟通时，免不了标榜自己的产品好、价格好、服务好，就是 good quality、good price 和 good service。这一连三个“good”，成了许多业务员开发客户的标配。

客户也许初听上去感觉不错，很有道理的样子。但是很可惜，当人人都这么说的时候，客户其实是会产生免疫的，不会把你当成三好供应商，也根本不可能另眼相看。因为听得太多，也收到太多、看到太多类似的邮件，客户自然会想，人人都说自己产品好，人人都说自己价格好，人人都说自己服务好，有什么证据？有什么证明？这有意义吗？

有没有哪个业务员，说自己的东西很差，说自己的服务很差，说自己的价格很烂，也就是 poor quality、poor service 和 bad price，有吗？几乎是没有的，至少我从业这么多年以来，从来没见过，一次都没有。

我曾经在澳大利亚工作过一段时间，也租过好几次房子，换过多个房东。有一次，在一个华人论坛上，我发现大量的租房帖，但是内容有很多的共性，都有“友好房东”这个描述，我就跟我太太开玩笑说：“好像每个人都这么写文案，太没特点了，一看就是没学过我的课程，没有差异啊！有没有人自称‘恶房东’的？”

“good quality”这类描述，本身是没问题的，但是说的人多了，写的人多了，就变成了一个毫无意义的口号。你随口说说，客户随便听听，可能有回应，可能没回应，但是对方内心深处，根本不会把你说的当回事，也不认为有任何的可信度。

就好比某些老板永远都是哭穷，永远说今年没赚钱，今年亏损，去年也亏了不少，你信吗？有几分可信度呢？既然每年都没赚钱，每年都亏损，老板那是有多大的慈悲心，养着那么多员工？他的豪车、豪宅哪来的？在美国留学的子女的学费和生活费由谁付的？平时全家人买着名牌，用着奢侈品，钱哪来的？所以有些东西，大家心知肚明，没必要说太多。尤其在没有证据的前提下，反复强调，并没有太大的意义，祥林嫂似的喋喋不休，只容易让别人反感。

人生也好，商场也好，更多看的是你怎么做，而不是怎么说。刚跟对方接触的时候，你说的东西，别人或许会有几分相信。可随着时间推移，你的承诺没有完全兑现，你说的东西没有事实支撑，就会被逐渐忽视和淡忘，进而使对方产生反感。这是一个必然的结果，不会有例外，时间可以证明许多事情。

若是某个客户刚开始做进口生意，向中国供应商询盘的时候，有人强调自己的品质好、价格好、服务好，或许客户会很开心，觉得自己捡到宝了。可是当他逐渐接触到更多的供应商，与更多的人合作，各种愉快和不愉快的经历叠加起来，他就会发现，其实生意还是生意，只是人人都这么说，当成了一种口号，这根本没有任何意义，只是毫无营养的话术，而且根本不能让人信服。在如今的外贸时代，还是尽早放弃这些过时的老招数吧。

二、有理有据的谈判

那我们的问题是，如果在某个领域，我们的确有一定优势，的确有相应的特点，又该怎么做呢？难道说都不能说了？比如品质的确不错，我们难道不能说“good quality”吗？这不是劣币驱逐良币吗？很多同行的烂产品，自称高品质，这不是坏了一锅粥，打击了真正做好产品的优质供应商吗？

当然可以说“good quality”，但是你要为你说的东西，提供一定的证据支撑。对于你的产品，你想强调品质很好，没问题，关键在于你如何证明。这不是说几句话就可以的，而是要有理有据、有内容、有条理地为你说的东西提供补充说明。这就好比写论文，论据要有来源，要有出处，引用的数据和内容，都要注明相应的原文或网页链接，而不是信口胡诌，里里外外都是经不起推敲的东西。客户不是打假办，没时间也没兴趣一一甄别，最直接的办法，就是直接淘汰大部分不靠谱的，筛选出最合适、最匹配的供应商。

案例 1–10 有理有据的谈判

举个例子，假设你是一家外贸工厂的业务员，生产和出口的产品中，有一款核心产品是 apron（围裙）。某天有个德国客户向你询价，你在初次报价的同时，可以详细给客户分析，你们的围裙品质非常好，跟市面上大多数廉价产品是完全不同的，你们有信心成为他的供应商，产品也高度匹配德国市场，主要有如下这些原因：

（1）你们的面料是完全安全的，可以做到 AZO free（不含有偶氮染料）；

（2）你们严格把控原材料的采购，确保一切符合 EU regulation（欧盟标准）；

（3）你们的围裙已经通过德国 LFGB（《食品、烟草制品、化妆品和其他日用品管理法》）的测试；

（4）你们目前通过直接和间接渠道，每年出口到欧盟的围裙加起来有 60 个集装箱；

（5）到目前为止，没有任何 claim（索赔）甚至 recall（召回）的案例；

（6）有任何品质问题，你们会提供免费的换货服务，并承担一切额外成本；

（7）你们现有客户都对你们的产品品质十分满意；

（8）你们还通过进口商渠道给某某航空公司和某某大牌供货。

然后针对每一条，都可以提供相应的证据。比如 testing report（测试报告）、raw material procurement control（原材料采购环节把控）、internal inspection process flow（内部验货流程）；比如老客户发来的好评或感谢的邮件截图，并将隐私内容打上马赛克；比如德国客户的一些提单复印件照片，将关键信息打上马赛克。可以通过 separate emails（单独的每一封邮件），来构建 mail group（“邮件群”，详情请参阅拙作《外贸高手客户成交技巧 2：揭秘买手思维》，中国海关出版社有限公司，毅冰著），给客户详细的证据参考，甚至可以做成图文并茂的一个 presentation（展示文件），结果或许就完全不一样了。

当客户第一眼看到报价时，本能会寻找参照物进行比较，例如他的老供应商才报 3 美元，某某工厂才报 2.7 美元，某某贸易公司才报 3.3 美元，你们也是工厂，为什么报 3.25 美元？客户都会有这样的心态，会觉得价格还不够好，这是很自然的。因为前期他并不了解情况，只能用价格进行比较。

对方深入了解后，发现你们的价格虽然不算便宜，但是很专业、很靠谱，该有的证书都有，符合欧盟的规定，通过了德国当地的测试。同时你们有出口欧盟的经验，出货也不少，还有老客户的现身说法。这些的确不是可以随意伪造的，应该是个可信赖的供应商，跟你们合作的风险比较低，可行性很高。

到了这个时候，再从客户的顾虑入手，优化服务，从细节处展示特点和差异，让客户有极好的第一印象，从而产生依赖感，拿下第一单就不是什么大问题了。

三、客户在意的要素

我们要知道，客户在意的往往不是价格是否是最低的，而是他自己的利润能否得到保证，合作是否安全顺利。举个例子，客户如果下单给你，能够维持他 40% 的预期利润，而且一切安全靠谱，他对产品和你这个人都无比满意，还会冒险下单给一个他或许不太满意，产品和操作也有一定风险，但是有50%预期利润的供应商吗？

我相信大部分专业买手的答案是“不会”。因为我曾经也是世界500强企业的采购负责人，完全了解买手对于供应商的选择偏好，说穿了其实就是三个词：专业、靠谱、价格不错。请注意，我的用词是 moderate price（价格合适）、competitive price（价格不错），从来都不是 lowest price（价格最低）。

我们再看自身，平时买手机也好，买电脑也好，为什么会选择在品牌商官网购买？为什么爱去苹果直营店？为什么会选择京东或者亚马逊的自营产品？不就是因为安全和靠谱吗？我们难道不知道网上有很多更便宜的产品吗？我们知道，完全知道，再清楚不过。因为我们不愿意冒买到烂货和假货的风险，甄别也需要巨大的时间成本，所以才最终选择了觉得可以接受的价格中最靠谱的那个渠道。

客户也一样，当预期利润符合他的期望之时，这时候你便宜3%或5%，虽然是锦上添花，但对订单的影响不是很大。尽管出于谈判策略，客户永远会告诉你，你的价格太贵了，某某比你便宜很多。我前阵子在米课圈看到一条很有意思的动态，有个印度客户对业务员说：“你的价格太高了。”这个业务员回复了一个伤感的表情并说：“哥，我还没报价呢！”

因此在谈判和沟通过程中，只要你可以证明，你是众多同行之中，非常专业、非常靠谱的那一个，让客户看到你说的话绝不是空口白话，都有证据支持，再结合专业、高效、服务所架构完成的第一印象（详情请参阅本章第一节），让你的软实力脱颖而出，才容易吸引客户的眼球，把你作为备选供应商来考量和比较。这样一来，接单的概率就会呈几何级数增长。

因此“good quality”这种早已烂大街的话术和文案，完全可以扔进废纸篓了。取而代之的是，综合展示你的优势和特点，多渠道、多角度、多维度地展示和渗透，让客户自己衡量，自己做选择。

专业和平庸的差别仅仅在于是否多走几步。哪怕只是很小的几步，也会让大家的起点变得不一样。

不要怕麻烦，不要觉得要准备这么多资料、这么多内容，太麻烦，太浪费时间。不是的，越麻烦的事情，能够用心去做好的同行就越少，很多人会掉队，会放弃，会被淘汰，你在竞争中脱颖而出的希望就越大。

这才是优质供应商用软实力构建的防火墙。

第四节 金牌业务员日常工作的 17.5 个细节

从我进入职场的第一天就发现，大家习惯动不动就把“专业”这个词挂在嘴边，都渴望把自己包装成专业人士，让同行尊敬，让客户信赖。

可专业并不是包装出来的，而得有真材实料，给其他人很强烈的信任感。虽然说“人靠衣装”，对外贸业务员而言，一口流利的英语和一封顺畅的邮件，可以算是“衣装”；一身职业装束，整洁利落，看起来有精气神，也可以算是“衣装”，但真正的内在气度，那种由内而外的自信，坦然自若的谈吐，是无法掩盖的，也绝对不是硬撑起来的“专业”所能替代的。这终究不是一回事。

在我的概念里，专业，不仅是有丰富的职场经验，有熟练的语言沟通能力，还要对客户细心，对产品熟悉，对测试精通，对平台关注，对价格敏感，对同行了解，对市场有底，对渠道有感，一切的一切都在掌握之中，了然于胸。更重要的是，懂得随机应变，因时制宜，因事制宜，因地制宜，不墨守成规，会根据形势的不同而随时改变自己的策略和方向，而且在细节的处理上可以无比细腻，让人很难挑出毛病。

我想专门针对细节的问题谈一下，让大家可以对照着去思考，如何从细节处入手，让客户赞叹和信任，从而营造自身的专业形象。以下就是我认为外贸工作中非常重要的17.5个细节，身边做业务的朋友，凡是非常专业的金牌业务员，一般都可以做到12项以上。

大家可以对号入座，看看自己能做到哪些，是全部都没问题呢？还是依然有些地方需要下功夫改进？

一、回复询盘的时效性

收到客户询盘，是否当天或者第二天就给客户回复了？即使你没法立刻报价，或者很多问题无法给予完整答复，是否也能及时回复邮件，告诉客户邮件已收到及给予准确回复的时间？

这个细节往往很重要，就等于告诉客户，邮件收到，正在处理，会尽快给予答复。虽然这是老生常谈，被无数次强调，但是在我看来，这依然是考验业务员工作效率的第一标准。

任何工作，都有时效性。只有你重视客户的时间，重视客户的问题，尽全力服务好客户，才能让客户真正感受到你的高效，这自然是业务员的核心价值之一。

二、联系方式的细节

发出去的邮件，是否有完整的签名，包括自己的名字、公司、电话、地址等信息？因为很多时候，客户有紧急的事情要联系你，但是随手翻了翻最近跟你的往来邮件，如果你的签名就是简单的一个名字，没有其他信息，找不到你的电话，这就是件令人郁闷的事情。我曾经因为一个紧急订单，找不到某供应商的电话。当时恰逢周末，无法通过邮件联系到他，所以只能临时下单给他同行。

当然你可以说，你给过客户名片，但是别人真的就能完整保存好你的名片，而且在需要的时候立刻就在手边找到吗？未必。那既然如此，为什么我们不更细致一些，让客户可以从邮件的签名里，轻易找到你的联系方式呢？

你多做一些，或许就给客户减少了一些麻烦，节约了一些时间，从而给自己多争取了一些机会，不是吗？

三、回复、抄送与密送

回复客户的邮件时，是否能坚持做到，回复该回复的人，抄送该抄送的人，密送该密送的人？这一点看似简单，其实这里面有大学问，做得不好，得罪人不说，甚至会带来大麻烦。

商场上，阴谋不少，阳谋也不少，很容易因为一件小事情得罪一大帮人，又或者被某些有心人挖坑陷害。

四、邮件的外观

写的每封邮件，是否都在发送前检查过拼写、语法、段落、字体，以及标点？邮件是否看起来舒适美观，是否格式混乱，文字挤在一起？

我们说字如其人，在外贸行业中，客户往往是通过你的邮件，在字里行间揣摩和感受你说话的神态和语气，所以邮件的内容和整体的感觉，某种程度上就决定了客户对你的印象。

五、一对一的开发

平时给客户发开发信、展会邀请函或新产品测评邮件，能否做到一对一发送，不群发，不乱发，更不用那些互联网公司开发的所谓群发软件？

不群发，不乱发，是专业性的体现，也是对收件人起码的尊重。尊重别人的时间，也尊重自己的工作。别想着偷懒，别想着节约时间，别想着付出一分努力就能得到九分收获。你做了多少事情，花了多少心思，付出多少心血，客户是可以感受到的。你可以一秒钟复制、粘贴、发送，对方也可以一秒钟删除或者加入黑名单，都属于正常现象。

别想着走捷径，用心才是真正的捷径。精准开发，一对一开发，针对客户特点写邮件，这才是最直接的，不浪费大家的时间，不做无用功。

六、电话后的邮件跟进

有紧急事情跟客户通电话，是很自然的，电话沟通也可以作为平时邮件沟通的补充。可需要注意的是，一旦通话完后，是否立刻有跟进邮件，把电话里讨论的东西重新在邮件里复述一遍，从而避免理解上的误会，或者未来的扯皮？

我们可以设想一下，假设在订单的生产过程中，客户紧急要求改动产品包装细节，而且不愿意承担废弃原包装和重新制作的成本，业务员急了，于是通过电话跟客户讨价还价，最后他同意承担500美元的费用，会在付余款的时候一并安排。等全部货物生产完，验货没问题且出货后，业务员要求客户支付余款，并且支付500美元重新制作包装的成本的时候，如果对方说不会承担任何额外的费用，哪怕业务员强调几月几日打过电话，大家谈妥了，对方依然可以说："你记错了吧！根本没有这样的事情，你的记忆有误。"业务员能怎么办？哪怕电话里真的说好这个事情了，可证据呢？口说无凭，对方可以不认账。

因此电话里谈妥的任何事情，都需要通过邮件跟进，对内容进行复述，确保双方理解无误，不会有歧义或误会。如图1-6所示。

Dear Jim,

According to our phone conversation, we discussed and confirmed three issues. Please help to check and approve them as follows:

1- We will change the packaging and re-produce color boxes, instead.

2- The ETD will be postponed to Sep.30th.

3- The extra cost of USD500 will be shared by your side.

If any questions, please feel free to contact us.

Kind regards,

Chris Wang

图1-6　电话后的邮件跟进（毅冰制图）

在世界500强企业工作过的朋友应该知道，这就是标准作业流程中的重要一环。

七、图片附件的设置处理

在给客户的邮件里，如果有图片附件，我们需要做两件事情。

第一，压缩和控制图片大小，尽量导出成 jpg 或者 pdf 等常见的格式，便于对方打开查阅，而不需要额外安装任何特别的软件。

第二，图片文件需要根据具体的内容，做好重命名，从而便于对方一眼就能知道，这个文件点开后的内容会是什么。比如 IMAGE1256 这样的文件名，是绝对不可以出现的，因为毫无意义。它只表示，这张图片是你相机或者手机里拍摄的第 1 256 张图片。对于客户而言，这个文件名没有任何额外的意义，以后看到这封邮件，都需要点开附件，才知道这张图片里是什么，这会浪费客户很多时间。

假设附件中图片拍摄的，是订单出货时集装箱的箱封号码。那在发给客户之前，你就可以先做好重命名的工作，如命为“loading supervision of PO234-seal number”（234 号订单监装——箱封号码），令客户一目了然。客户如果要把图片另存到电脑中，也很方便，根本不需要多做一个重命名的步骤。

八、报价单的文件名设置

给客户的报价单，文件名是否包含充分的信息，便于客户留存？是否需要客户专门做重命名的工作？

假设给客户报一款太阳能灯的价格，灯的编号是 KJ235，你的公司名是 ABC Trading，那报价单的 excel 文件就可以命名为“Quotation Sheet For Solar Light (KJ235)- ABC Trading.xls”（ABC 贸易公司 KJ235 太阳能灯报价单）。

这一条与上面第七条，其实是同样的思路，就是做到令客户一目了然，可以在不点开文件的时候，就预想到这个文件的内容。

事先做好设置，一个小细节往往能够让对方轻松不少。

九、样品的随附报价

给客户寄送样品的同时，是否会把报价单打印好，随样品一起寄送？如果随样品一起寄送了报价单，客户收到样品后，就可以立刻对照报价单，看具体的产品参数和对应价格，而不需要在一堆邮件里找报价单，然后打印，再对比着看，这节省了客户的时间。

这就好比我们给孩子买一个玩具，直接对比着说明书安装，是不是很容易？如果厂商不提供说明书，而要你登录官网去下载和查询，或者直接通过邮件给你发送电子版本，终究还是增加了消费者的工作。

十、样品的标贴或吊牌

给客户的样品，上面是否专门加了 sticker（标贴）或 hangtag（吊牌）来标注产品的名称、参数及你公司的信息和联系方式，甚至还有价格？

因为客户可能针对同一款产品向几家不同的供应商要了样品，结果大家都没在产品上添加标贴或者吊牌，时间一长，客户或许老早忘了哪个样品属于哪家公司。如果你的样品不错，但是客户以为这是别家的样品，订单下给别人，你后悔也没用。

图 1-7 是我做的一个 sample tag（样品吊牌）的模板，给大家参考一下。根据不同的产品特性，有些可以打上吊牌，有些可以贴不干胶，目的就是让

你的打样和寄样的工作显得专业和与众不同，客户可以轻易找到相关的内容，也可以知道这是谁家的样品，不容易搞混。

Sample Tag
ABC Trading Co., Ltd
Sample Name: Straw Hat with Ribbon
Item No.: BT-110
Size: 6"
FOB Shanghai: US$2.86/pc
Attn: Michael Stevenson
Sales Rep: Jim Liu
Tel: +86-21-12345678
Email: Jimliu@abctrading.com

图 1–7　样品吊牌的案例模板（毅冰制图）

十一、样品的打包

给样品打包时，要将样品用气泡纸包好，纸箱要大小适宜，空余的地方要填充缓冲物，避免在运输过程中因为撞击而损坏货物，这些相信大家都知道。但除此以外，还需要注意的是，在纸箱的上下层各垫上一块纸板后再封箱。这样一来，客户收到包裹后，在用美工刀划开箱子的时候，不至于因为用力过大而使得刀片划伤箱内的样品。

这个小细节，同样需要特别留意。我曾经碰到过一个供应商，把一份重要的样品标贴放在箱内快递给我，结果我拆箱子的时候，用美工刀一划，将标贴全部划破了，只能让对方重新给我快递一份。这样一来，耽搁的是大家的时间和项目的进展。若是因为这件小事情，使得项目停滞或者搁置，或者使你错过了时效性极强的订单，那就得不偿失了。

十二、随附名片的问题

给新客户寄样品，务必要记得，在快递袋或者纸箱里，放上你的名片，而且至少放两张。因为有的时候，客户自己留一张，然后会把另一张给他的上级或者助手，又或者客户的同事也有类似的产品需求，那他也可以把你的名片给别人。

很多时候，这就是举手之劳，多放一张名片不用多花时间或成本，也不会增加快递的重量。客户若是没有用处，觉得多余，也可以随手扔掉，这都是小事。

可若是少放一张名片，客户在急需的时候突然忘记了你的信息，邮件太多没找到你的邮件，或许你就丢失了一个宝贵机会。

十三、文件纸张类的寄送细节

给客户寄文件或者纸张类的样品，是否用塑料袋包好了再装进快递袋或者快递信封？这样做，可以避免客户撕开快递袋或快递信封时，把里面的文件或者发票扯破。

另外，如果将文件装进塑料袋，需要专门在角落打孔。一方面是避免胀气，另一方面也是出于安全考虑，比如小孩子如果玩塑料袋，一不小心套在头上，打孔的塑料袋也不会造成窒息。这也是国际惯例。

十四、提供快递单号

样品被快递员取走后，是否及时提供了单号给客户，以便对方跟进快件和查询进程？如果有必要的话，快递面单也最好一并扫描或者拍照，发邮件给客户留存，也可以自己存档，方便将来在有需要的时候查阅。[这一类的跟进邮件写法，可以参阅拙作《十天搞定外贸函电（白金版）》，中国海关出版社有限公司，毅冰著。]

十五、查询样品进程后的跟进

对于寄出的样品，业务员要经常在网上查询进展。一旦发现客户公司已经签收快件，只要不是客户本人签收，就要立刻把网页链接和截图通过邮件发给客户，让对方知道，样品已经被签收，他可以立刻去了解情况。

因为很多大公司都有专门的助理或者前台来处理各类文件和包裹的快件收发。如果自己不去跟进，可能一两个月后，你的样品已经不知道被扔在哪个角落了，或许早就丢失了。等客户哪天想起来，再来问你样品在哪，你要怎么办呢？

十六、联络感情前的背景调查

节假日给客户发祝福邮件或者电子贺卡前，必须要先确认客户的背景、国籍、宗教信仰之类的相关信息，从而避免好心办坏事，起到反效果。

比如说，英国人是过圣诞节的，但是你的某个潜在客户虽然是英国人，但或许是犹太移民，他恰好不过圣诞节。如果这时候，你给他发电子贺卡，祝他圣诞快乐，客户嘴上不说，可能心里已经让你出局，不想跟你打交道，更别说合作了。

因此联络感情，虽然在生意场上是重要的一环，能起到锦上添花的作用，但千万不要随意行动，以免起到反效果。这不仅考验情商，也考验智商、见识、阅历和知识面，是大学问。

十七、签字和盖章的细节

跟客户签订的合同，除最后一页，每一页都需要 signature（签字）和 chop（盖章）。如果只在最后一页签字和盖章，一旦有纠纷，对方或许只认可最后一页，前面的，可以借口他不知情而不承认，那就容易产生纠纷和麻烦。因此哪怕是为了避免误会，在每一页上签字和盖章都是必需的，虽然麻烦一些。

另外在大多数国家，是没有中国的“印章文化”的，签字的效力远大于盖章，所以签字比盖章更重要。如果碰到二选一的时候，选签字。

十七点五、17.5=17+X

当我们跟客户沟通的时候，对方一定有一个大致的心理预期，也会无形中拿你跟同行或者他的老供应商比较。

俗话说：不怕不识货，就怕货比货。所以时时刻刻要提醒自己，换位思考，站在客户立场上考虑，是否这个供应商已经做得足够好，已经无可挑剔？抑或还有哪些地方需要改进？

前面 17 条，其实都是工作中的细节，但这些细节的叠加累积，在客户心里构成了一流的业务员的专业形象。那除此之外呢？在工作细节中，在服务意识中，我们还有无数可以优化的地方，是要根据具体情况不断调整的。

规定是死的，SOP（标准作业流程）固然重要，但真正优秀的金牌业务员，是不可以机械化工作，画地为牢，抱残守缺的。剩下的 17.5，可以理解为 17+X，就是在这 17 条以外，存在无限的细节、无限的可能性，我们永远要比对方的预期多做一点点。

对于做销售，细节不是绝对的，并不能决定一切。但若是缺少细节，让客户这里不舒服，那里不顺眼，那是万万不行的。

好比很多人说，细节决定成败，在某种程度上，自然有一定道理。所谓两强相争勇者胜，两勇相争智者胜，那两智相争呢？就看谁在细节上把握得更好，让客户觉得更专业，从而加深信任。

因为产品价格可能都差不多，最大的区别，其实就是人本身。人跟人是不同的，天差地别，每个人的工作习惯和个人能力完全不同。当产品、价格、效率、服务等，都跟同行在同一水平线上的时候，那成功的关键，往往就是细节的处理。我们要在平凡中体现不平凡。

第五节　参展，与时俱进的新招数

一、展会真的日薄西山了吗

其实最近几年，可能很多朋友逐渐感受到，原先开发客户最高效、最直接的展会手法，如今变得有些不灵光了。

很多年前，我们去参加一次广交会，不需要多专业，也不需要多好的产品，随随便便摆个摊位在那里，就能轻松收到七八十张甚至上百张名片，等展会结束后跟进，至少能得到四五十个回复，回复率在 60% 以上。能谈到样品阶段的，或许有三十多个；最终能下单的，一般也有十几个。这就是在外贸黄金时代和白银时代，展会对于开发客户的重要性和真实效果。

可现在情况不同了，或许去一次展会，几天下来，尽力接待，收到的名片也就十几二十张，跟进后，能有下文的或许只有两三个，谈到样品甚至订单环节的，或许一个都没有。哪怕有一个客户能下个小单，供应商都会觉得，这次展会是成功的，起码有了收获。可见，如今开发新客户是多么困难。很显然，从2008年金融危机以来，国际经济形势一直起起伏伏，但是整体而言，外贸形势越来越糟糕，外贸业务越来越难做。

许多外贸朋友对于如今展会效果的切身感受，就是展会越来越差，客户资源越来越差，外贸形势越来越差。因此很多人认定，展会已经日薄西山了，或许应该考虑改行，找找风口所在，比如跨境电商，放弃B端，做C端，迎合目前的主流。

事实真的如此吗？我不啰嗦，先给结论吧，我的结论是：以上全错。

二、别带着你的老招数去参展

我先分析一下过去展会效果好的原因，一共有五点。

第一，过去电子商务没有兴起，展会是客户获取供应商信息的重要途径。

第二，竞争对手远没有现在这么多，接单较容易。

第三，客户的需求也没有今天这么难以捉摸，商业模式相对简单。

第四，中国供应商的价格优势十分突出。

第五，国际经济形势相对较好，中国制造商的产能过剩并不明显。

要是用再直白一些的语言来表述，就是：信息没这么透明，竞争对手少，价格有优势，市场环境还行，客户没那么难搞定。

如今做外贸好像和在国内开实体店的情况类似，大家都在抱怨，实体店难开，难赚钱，生意都被电商抢走了，生存困难，没法做。可是反过来看，电商的冲击的确让大批实体店的经营难以为继，但是同样也有不少特别出色的小店兴起，注重差异化，注重用户体验，注重审美情趣，注重垂直细分市场，照样做得风生水起。

可以说，这就是进化论的法则，适者生存，不适者被淘汰。虽然残酷，但这就是现实，就是商业社会的“丛林法则”。世界在进步，别人在进步，你停留在原地，用过去的手法来应对如今的市场，那输得一败涂地，也没什么好抱怨的。

因此今天从事外贸行业，还用十多年前的手法来应对，早已经过时了。没错，十多年前，甚至几年前的成功经验，同样的思维和手法，已经落后于如今这个时代。这就是为什么，许多人抱怨展会生意差、效果差的时候，还是有不少同行在默默赚钱，订单多到接不过来。

三、天下武功，唯快不破

我知道改变涉及很多方面，比如产品、团队、思维、模式、谈判、薪酬、习惯等的变化，不一而足。就比如展会中跟进客户的手法，过去的手法，就远远不适用于今天了。

过去的做法，我相信大多数朋友都经历过，起码看到过自己的老板、上司或者公司里的前辈这么做。比如说，展会期间，收集客户名片，记录客户需求，拿个本子把客户的名片订在里面，然后在这一页简单记录这个客户的需求和情况，回来后就可以按照上面的提示内容，自己跟进或者交给其他业务员跟进。

很眼熟吧？是不是看到很多身边的人都这样做？很多同行也都这么做？

我想说句实话：如果身边人都这样做，那就说明这个方法其实并不好用。

因为存在二八定律，只有 20% 的人可以成功，那你怎么能用 80% 的人常用的手法和习惯的思维呢？必须跳脱出来，多走一步，更进一步，继续优化才行。

在我看来，上述方法是 20 世纪 90 年代的手法，太落后，效率太低，已经非常不适用于如今高度竞争的外贸环境了。我告诉团队的展会跟进手法就是：效率，效率，效率。我的要求是当天接待的客户，当天晚上必须跟进，必须发送报价单。业务员拿到名片，当晚就必须完成跟进客户这个动作，第二天早上必须要向我汇报实际情况，所有邮件都要抄送给我，我要知道业务员的 workflow（工作流程）。如果实在完不成，就要向我解释原因。但不要说白天累了一天，晚上没空跟进客户，这不是借口。忙的人很多，辛苦的人很多，为什么别人可以做到，你做不到？除非你今天战果赫赫，一个白天下来，收到了七八十个客户的名片，当晚一一跟进，的确有难度。但是大多数业务员，我相信一天下来，收到名片的数量都是个位数，如果在这种情况下，都无法高效处理，我认为工作效率和态度是有问题的。

四、Quick Reply（快速跟进）

当然有朋友会有疑虑，就是客户询价的产品，都涉及改动现有产品，肯定需要跟公司相关技术人员沟通，还需要跟采购人员协商价格，还需要外协厂的配合，当晚是无论如何都不可能报价的，在这种情况下怎么办呢？

其实也不是什么难题，在这类情况下，也必须当晚给客户发邮件，做一个 quick reply（快速跟进）。比如告诉客户，“很高兴今天展会上跟你见面，谢谢你给我们机会。关于你选择的产品，我这里做了一个 recap（总结）。针对我们今天谈过的东西，请你确认，是否有遗漏。至于价格，我们这边还在紧急核算中，大约需要3天时间，会给你一个准确的报价单。”

这封邮件或许可以像下面这样写。

> *Hi Jim,*
>
> *Glad to meet you this afternoon at Canton Fair. Thank you for giving us this chance to be on service of you!*
>
> *Regarding your selected items with improvement, please help to check the attached file of meeting recap. Please advise if everything is ok.*
>
> *We' re still on working for the offer sheet in detail. And I think you could get it within 3 days. Should you have any other questions, please do not hesitate to contact me.*
>
> *Thanks and best regards,*
>
> *Yibing*

勾起客户回忆，采用互动形式，让客户知道，你在核算价格，大约什么时候会给他一个完整的答复。这就是一个信号，让对方知道，你不是不闻不问，不是什么事情都没做，你很专业，正在按照他的要求工作。

这就会在客户心中建立一个很好的第一印象。哪怕客户还在比较多家供应商，往往因为你的专业形象，他或许就会等你的消息，而不会轻易下单给别人了，起码也会多一个比较和筛选的过程。这样，机会就不会轻易流失。

五、制定标准作业流程

根据我的要求，如果当天无法给客户准确答复，都需要通过 quick reply 手法，先稳住客户。如果拖到第二天才发邮件的话，业务员必须给我一个明确的解释，为什么没有严格执行标准作业流程？为什么效率如此低下？这个错误，我会记过一次。如果第二次再犯，那这个业务员就无法参加下一次展会，就要把机会让给其他同事。

在这种全方位的高效率体系下，如果参加一次展会，几个业务员居然拿不下一个客户，那就不可思议了。

别人或许是“事不过三”，但是在我这里，“事不过二”。第一次犯错可以理解，但是第二次在同样的坑里再摔一次，那就要受处罚了。规矩就是规矩，没有规矩，不成方圆，没有规矩就无法打造专业团队。

当然，有朋友还有疑问，就是展会期间，我们很忙，但是客户也很忙。当晚发了邮件，客户也未必立刻就看，那不是白费时间吗？是不是展会结束后跟进更好？

对于这个问题，我的理解是，客户可以不看，但是我们不可以不做，不可以以此作为低效率的借口。客户可能看，可能不看，可能随便扫一眼等展会结束后再处理，一切都有可能。可如果我们不做，被动等待的话，机会或许就会被别人抢走。所以我们当天必须回复，如果客户看到了，会赞叹我们的效率，赞赏我们的专业。

而第二天，第三天，我们还可以继续跟进，把 Mail Group（邮件群）的手法活学活用，而不仅仅在写开发信的时候才用，不是吗？思维不要这么死板。比如有些客户，可能在广交会待好几天，而谈判的东西或许涉及样品的更改和价格的调整。在这种情况下，如果能抓紧时间，根据客户要求连夜打样，立刻快递到广州，甚至可以约客户再次见面，当面看样品，是不是成交概率就高了很多？在速度上，也远远抢在了同行的前面。

六、有备而来，必胜

我曾经有一个经历，相对而言比较有代表性。

有一年在香港家具展，一个芬兰客户询问一款促销用的户外扶手椅的价格，价格大约是 12 美元。然后客户要求改动扶手，把我们原有的弧形做成直的，然后靠背还需要做高 2 厘米，要我核算价格。

我的做法是当晚就跟工厂老板确认，如果按照客户的要求改动，价格需要增加多少。然后让工厂连夜帮我打一个样品出来，当晚送到 FedEx（联邦快递）的仓库。这样，我第二天下午就可以在香港收到。

我第一天晚上先给客户一个详细的报价单，把改动后的效果图做好，然后核算大致的价格。新的毛净重和装柜量的数据，也一并发过去。

第二天下午，我收到样品后，先检查了一遍，看了没什么问题，就给客户打电话了："还在香港吧？昨天你询问一款扶手椅的价格，要求改动扶手和靠背，我昨晚已经发了报价单给你，不知道有没有留意到？"

客户说："啊！我还没看，我晚一点会看一下。"

我说："我已经让工厂连夜做出了样品，现在已经送到香港了。你住在哪个酒店？我把修改好的样品拿过去给你看。"

客户立刻反馈："我还在展馆，现在就来你的展位。"

结果，这个项目顺理成章地被当场拿下了。这就是效率和专业的双重作用。

七、高效背后的故事

看看上面这个案例，貌似很简单，只需要花点时间和精力就可以。可事实上，台上一分钟，还是需要台下十年功来支撑的。真实的情况，其实比三言两语的描述要复杂许多。

比如工厂为什么能支持、配合我？诚然，这家工厂是我的老供应商没错，但是别人也不至于半夜三更去打样，难道就为了我一个潜在客户？资源是不能浪费的，人情是用一次就淡一分。如果连续几次让工厂帮忙，但是我并没有下订单，或许这份过去积累的情谊，就会慢慢淡去。

我的做法说来也简单，就是用钱来解决。我跟工厂老板打电话的时候，当然会适当添油加醋，跟他说："这个客户非常重要，机会很大，我跟进了很久，我们要全力争取，这次你务必要帮我忙，配合我一下。当然，样品费和快递费由我全部承担，今晚让工人帮忙加个班，我给每个人 100 元的加班费。帮我做好后，第一时间把图片发给我，做简单处理就行，样品给我发到 FedEx 当地的仓库。"

在工厂看来，我对订单信心十足，而且愿意承担费用，工厂老板当然愿意配合我一下。因为他也想接单，甚至接大单，一看我这么卖力，他自然也不会拒绝。当然，工厂也在做我的其他订单，我们的关系也十分好。

至于为什么当晚就要送到 FedEx 的仓库，是因为样品做完已经是晚上了，FedEx 不会再安排取件，就会把取件时间安排到第二天上午。这样一来，样品第二天下午就到不了香港，第三天才能到。虽然只是耽搁一天，但是如果客户已经离开香港，我拿到样品还有什么用呢？所以既然已经投入了时间、精力、金钱、人情，那就要把效率提到最高，去争取机会。

这就像武侠小说中写的："天下武功，唯快不破。"

快，不一定就能拿下订单，争取到机会；但是慢，往往容易失去更多机会。因为竞争对手不会对我仁慈，这就是商业世界。

第六节 新客户跟进的“1-2-4”策略

开发和跟进新客户，如何掌握好时效，是一个很多业务老手也经常觉得为难的问题。跟太紧了，客户会觉得烦，会有一种被掐着脖子的感觉；跟太松了，容易错失机会，客户或者被同行抢单，又或者觉得你根本不专业，对订单不够重视。

而老板也好，同事也好，同行也好，都会给业务员不小的压力。比如最近业绩平淡，业务员心里特别着急，每个询盘，或许都会跟进得比较紧。比如和同行在竞争同一个项目，业务员担心丢掉机会，甚至一天跟进客户多次，生怕错过什么；比如同事业绩很好，一下子完成了全年目标，业务员心态有点失衡，只要一有机会，就铆足了劲往前冲，希望靠努力拿下客户……

一、制订有序的跟进计划

不能因为外界和自己的心态，而打乱了原有的计划和步骤。我们经常强调一个现实是，订单不是催出来的，大多数情况是自然而然地瓜熟蒂落。

也许有的时候，客户可以这个礼拜下单，也可以两周后下单，可是你催得紧，先下了订单也无所谓，定金和其他的细节，后期补上就是了。

可大多数情况下，客户都有自己的个人喜好、评判标准、实际问题、工作流程。催促，并不能解决问题，也不是解开每一把锁的万能钥匙。

若是碰到客户正好特别忙，或者为某件事情焦头烂额的时候，你一天一小催，两天一大催，迟早会把对方彻底激怒，客户甚至会不胜其烦，把你拉进黑名单，跟你永不再见。

二、"1–2–4"策略

相信有朋友会说："你说的这些我都懂，要具体问题具体分析。可如何分析呢？如果在对方没有任何明确指示的情况下，应该如何跟进？有没有科学的办法？有没有可以量化的标准和具有可行性的思路？"其实是有的。就是在确信对方没有消息的情况下，我建议可以尝试"1–2–4"策略，对于新客户进行标准化的跟进。

举个例子，一个新客户，前期的询价、报价、谈判都很顺利，样品也已经寄出，客户收到后表示要给他的最终客户确认，然后再反馈给业务员。但是样品寄出后，业务员也跟进了几次，客户不是说忙，就是说在等客户确认，又或者根本没有回复。业务员很纠结，该如何把握跟进的时效？会不会催太紧，造成反效果，让客户不快？毕竟每个客户的情况都不一样，对于A客户好用的方法，对B客户或许就行不通，反之，B客户厌恶的东西，A客户说不定就很喜欢。有没有大致的思路，可以应对大部分客户呢？

（一）“1–2–4”跟进策略的基本操作

针对这一类客户没有明确时间表的情况，我认为，采用“1–2–4”的标准跟进策略，是完全可行的。具体操作上，我们可以考虑如下这样做。

“1–2–4”跟进策略的具体执行

客户收到样品后的第一周：联系客户，告知快件的 *tracking number*（追踪单号）；查到快件被签收后，告知客户，样品已经到他公司，签收人是谁，请他方便的时候看一下样品。这样做的目的，仅仅只是让客户知道，你在努力做事情，你很重视这个问题。

客户收到样品后的第二周：继续联系客户，询问样品的情况，看看客户对产品的品质是不是满意，有没有其他疑问，是否需要改进或者继续打样。这是从产品的角度，跟客户保持沟通和互动。

客户收到样品后的第四周：询问最新进展，看看有什么其他问题是需要你们这边协助的，也告知客户，有任何问题，都可以随时联系。这是一个后续的连接，是向客户展示诚意，表达希望合作的诉求。

这里的每一步，其实都是设计过的，每次跟进的内容，也要具体斟酌，在合适的场景说合适的话。

为什么以周为单位？是因为大部分的项目，都需要时间来确认。而国外许多公司，都是以 week 1（每年第一周）到 week 54（每年第五十四周）来安排全年的工作计划。所以在没有进一步消息的情况下，两次跟进之间拉开一定时间，这是对于客户的尊重，也给予对方充分的时间去安排工作。

如果第一次跟进到一周后的第二次跟进，客户都没有给出明确答复，那第三次跟进就可以再拉开点时间，到第四周再跟进。看看具体情况，再根据客户的反应随机应变。

（二）“1–2–4”跟进策略的后续操作

新的问题又出现了，如果四周后，客户那边依然没有下文，依然表示还在确认中，有消息会通知，接下来该如何跟进呢？

我的答案是，依然遵循“1–2–4”原则。四周其实就相当于一个月，也就是第四周跟进，就相当于第一个月的跟进，后面就是第二个月再跟进，第四个月再跟进。

总结成公式如下。

第一周——第二周——第四周——第八周——第十六周

按照这样的规律，保持适当的跟进节奏。如果在这其中，客户有任何进一步的反馈，就可以立刻放弃这种标准流程，具体问题具体分析，按需而定，高效率解决客户的任何疑虑，积极推进项目。

如果客户的疑问得以解决，但是订单依然没下文，客户也没有表示要取消订单或者停止项目，那就继续重复上面的循环，继续根据“1–2–4”策略来操作。

标准化的作业流程，是不是比随意处理更让人信心充分呢？

第七节 我眼中的专业

很多朋友听到“专业”这个词，总会第一时间联想到产品。当我们夸奖某某人很专业的时候，或许有人本能就会认为，这人肯定很懂产品，甚至在工厂工作，能跟客户深入探讨产品的相关技术问题。错了！这是一个狭义的理解，在我看来不完全准确。

举个例子，或许你从事纺织行业5年，做了5年的销售，已经是公司的业务经理，对于自家的产品，对于上游供应商，对于各种面料、辅料和配件，自然是相当熟悉，可以算是很懂行。可哪怕如此，哪怕你对产品再懂，从工艺到生产，从打样到制版，样样都精通，但你有那些工程师和技术人员懂吗？你有第三方检验机构的工作人员和验货员懂吗？

显然你没有技术人员懂产品，因为你们从事完全不同的领域，闻道有先后，术业有专攻，外行和内行终究是泾渭分明的。这就好比业余运动员和职业运动员，完全不是一个层次和等级，因此我们不可能用自己的爱好或者业余钻研的东西，去挑战别人吃饭的本事。这是两个层次的竞争，根本无法相提并论。

如果一个业务员，非要在产品上拼命钻研，不断深挖，在我看来，如果不是要转行专门搞技术，或许意义并不是太大。这是根据工作性质而定的，业务员需要对接的是客户，是买手，要和他们讨论产品，商量价格，研究细节，探讨方案，等等。如果涉及太过于专业的产品知识，再让技术人员和工程师进行协助就可以，而不是让你钻研后独自应付客户，这是办不到的，也不值得去办。

专业人做专业事，专注于自己的价值和专长，把不擅长和非核心的东西外包，做好资源整合，这才是未来的方向。

在我看来，业务员的专业化，绝非懂产品那么简单，而是从产品知识到效率，再到服务和整体的素养，都是专业化的一部分。只有给客户营造一种专业的印象和感觉，才能打造自身的一张名片。我眼中的专业是一个整体，是你整个人对外的一种形象和气质，是外界对你这个人的评价，是买手跟你沟通时的一种感觉。再说得简单、直接一些，就是只要买手觉得你挺厉害的，挺懂行的，有一丝敬畏感，这就足够了，就称得上专业。

在我的理解里，一个专业的业务人员，除了懂产品，还需要懂市场，懂谈判，了解同行，明白客户的需求，知道各项测试，理解客户在意的地方，懂得如何投其所好，知道客户担心哪些问题，明白自己的优势、特点在哪里，跟同行有什么不一样的地方，如何让客户支付溢价，等等。

总之，当客户每次跟你沟通、谈判时，都能觉得大有收获，觉得从你身上又学到不少东西，这样的业务员才称得上是广义上的“专业”。这属于一种职业素养，算是由内而外的吧。必须内外兼修，而不是学几句英文，能用邮件和客户沟通就行的，这还远远不够！

这背后，更多的是思维方式和细节处理上的考量，更多的是对大局的把握和谈判的节奏。很多小细节，往往背后都有大学问。

世事洞明皆学问，人情练达即文章。前者说的是智商，后者讲的是情商。

很多你忽视的小地方、小细节，你觉得不重要的事情，往往是决定成败的关键。《韩非子·喻老》中有句名言，叫“千丈之堤，以蝼蚁之穴溃”。你没有拿下一个重要客户，不是你自己做得不够好，很多时候是同行做得比你更好。相比之下，一个小细节，就会让你相形见绌，从而被淘汰。

专业，是一个系统化的东西，要在学习和试错中打造。当你跟不同的客户接触的时候，都可以游刃有余、挥洒自如，根据客户的需求给出合适的意见和方案，这种气度和自信，或许就跟专业沾边了。

第二章

让开发更有底气

开发是销售环节的重中之重，

可问题是，客户为什么要选择你？

你跟同行有什么不同？

产品和技能过硬的同时，

还有哪些东西，

能让你更有底气？

第一节 大买家鼓励法 1+X

一、大买家鼓励法

大买家鼓励法，这个招数我在很多年前就提到过，在拙作《外贸高手客户成交技巧》一书中也有专门的分析。说白了，就是用你给其他大买家供货的经历，来开发现有客户，增强客户信心，从而促成合作。

比如说，你给美国商超报价，如果你已经是家得宝或者是沃尔玛的现有供应商，那跟陌生开发相比，打进好市多的供应链的概率自然要高很多，这就是“同行效应”。

原因很简单，在前期沟通过程中，好市多会认为，你既然可以成为他们竞争对手的供应商，说明你们的确相当不错，产品品质、相关测试、思维意识、沟通互动、使用安全、售后服务等一系列问题，都完全可以满足美国市场的要求，也符合当地的法律法规。

总而言之一句话，他同行可以用，他也可以拿来就用，这是最直接、最便捷的。好比一个企业招聘员工，为什么要求有相关行业经验呢？为什么尽可能从同行那里挖人呢？就是一个高匹配度的问题，可以最大程度减少试错成本。

这就好比你买一款新口味的奶茶，很可能是因为你同事或者你老板在喝，形成了口碑效应，又或者你的同学和朋友赞不绝口，于是你也去购买，成为消费者之一。两者是异曲同工的，如今的商业社会赋予了产品社交属性。我们都会认定，别人已经尝试过了，别人已经试过错了，大部分人都认为不错，起码我相信这些人，他们用的东西就差不到哪里去。

可如果反过来，你完全没有和美国客户做过生意，哪怕你和欧洲客户做了很多生意，哪怕你的产品很好，品质很好，服务很好，别人如何知道呢？如何相信你说的呢？你如何证明呢？那些美国大买家，多多少少就会有一些顾虑，在有选择的情况下并不会轻易考虑你，只会优先考虑他们同行的供应商。这涉及采购环节中的风险控制，是买手从自身角度出发的一种安全选择。

我们延伸思考，如果你做欧洲订单，或许是德国 Lidl 的供应商，那么你再开发阿尔迪、奇堡、麦德龙、艾德卡这些德国零售商，会十分容易。因为你已经是他们同一层次其他大客户的供应商，就说明从产品到价格、配合及其他细节，都可以满足德国市场的要求。

二、现实中的同类思维

找工作也是一样的道理。假设一个在谷歌工作的程序员，要跳槽到苹果、惠普、微软或 Facebook，很容易，可以很轻易地取得更好的薪水、更加有竞争力的福利保障。但如果同样一个人，在一个名不见经传的小公司做程序员，想要进入上面那几家大公司，千难万难。不是说不可能，而是机会要比那些背景好的公司的程序员少太多。

你能力再强，但是别人不知道啊！很多时候别人根本就不会给你展示的机会。这就好比我过去在小公司工作的时候，我也会抱怨，觉得一些大公司的业务员能力远不如我，居然还可以拿我几倍的薪水。我也会不服气，也会不甘心，可事实就是如此，我很难争取到大公司的面试机会，因为别人看不上我的职业背景，不认识我，也不熟悉我，根本没法信任我，也不可能浪费时间来让我证明自己的能力。

这就是现实，因为没有背景，你过去的工作经历无法证明你的能力，你就输在了起跑线上，后期就需要更努力，才能去争取别人剩下来的那么一丁点机会。很多时候，我们说不能以貌取人，但是在职场上，根据职业经历、工作背景来“以貌取人”的，又何其多！如果你给世界500强前面的那几家企业之一工作，一旦你想跳槽到其他公司，别人都会给你机会，这就是另外一种大买家鼓励法，能让别人在潜意识里尊重你的能力。

三、广告效应与实际应用

我过去做业务的时候，就特别留意，只要有机会跟某个大买家合作，哪怕只是一个很小的样品单，通过新加坡贸易商或中国香港地区的代理商转了几手，我都会无比开心。这说明我能从中获得两份奖励。

奖励一：我可以通过这些订单的操作了解这些大买家的操作手法，也借助他们的需求，了解他们所在市场的需求。这是一个宝贵的学习机会，千载难逢，等于是把大买家的秘密直接暴露给你。

奖励二：如果能做起来，哪怕只是很小的订单，这个销售记录对我而言，就是个巨大的广告，我可以好好利用。

很多年前我做了Disney（迪士尼）的一个小单，尽管做砸了，做亏了，但是毕竟资料有，样品有，对操作流程、验货验厂、测试要求、品质把控、包装细节等，都知道得不少。我就会在接触其他类似客户的时候，让别人知道，我是美国Disney的供应商。

后来我陆续谈下了日本的Sanrio（闻名世界的Hello Kitty品牌的母公司）和德国Nici（礼琪公司，德国知名毛绒玩具品牌）的订单，就是Disney供应商的身份，造就了强大的广告效应，以至于其他大品牌愿意给我机会。Disney的同行会想："哇，你原来是Disney的供应商啊！那自然也可以给我们供货。"

四、1+X

很多朋友都遇到过类似的问题，就是每次联系到的新客户，在前期沟通的过程中，总是会询问供应商，在他们国家，是否有其他客户或者大客户在合作。遇到这样的问题究竟应不应该如实告知？他是什么目的？是来套信息的吗？能不能像老板或者许多前辈说的，用"公司机密"或者"跟客户有保密协议"这个借口搪塞过去？

当然，我们不否认，会有一些同行伪装成客户来刺探我方的订单和客户机密。毕竟在商业社会中，遇到各种明枪暗箭都是正常的，确实会碰上商业间谍来打听虚实。

可我们不能因噎废食，不能因为有可能碰到商业间谍，就拒绝跟客户沟通，拒绝探讨客户非常在意的核心问题，那只能把机会拱手让人。做生意，就一定有风险，只是我们要衡量风险是否可控，假设碰到的是我们设想中的最坏情况，我们会损失多少？能否扛得住？

如果风险完全可以接受，那为什么要拒绝呢？为什么要被固有思维限制，放弃整片森林呢？

在我看来，大部分客户都不会浪费时间，起码大部分客户的采购和合作的需求，都是真实的。至于客户能否跟你合作，还是找你同行，那就看大家的本事了，八仙过海，各显神通。

客户提出这种问题，我认为，一般有两种可能性。

第一种是一些客户为了避免同质化竞争，决定绕开同行现有的供应商。

第二种是大部分客户的目的，就是希望借此了解这个供应商是否了解当地市场，是否可以拿来就用。

如果是前者，那你在当地有大买家合作，或者有其他客户合作，反而是坏事，这会抑制这个客户的合作欲望；如果是后者，那正好可以用大买家鼓励法，容易让新客户信任，拉近彼此距离，从而推动合作的迅速进展。

不管你如何回答，成功的概率其实都是50%，你不知道客户的真实目的所在。所以在前期的沟通中，我不建议撒谎，还是要如实相告，实话实说，因为你没有办法确定客户询问背后的目的。但是我根据个人多年的买手经验，从大概率角度来分析，后者的可能性相对更高一些。

我之所以把这一节的标题设置成“大买家鼓励法 1+X”，是因为这个招数，在开发过程中，是一个相当有效的利器。

这里的“1”，就是我们现在的自己，哪怕这个招数不灵，失去了新的机会，我们还是这个样子，不会有多大的损失。而“X”，代表了无限的可能性，如果客户本来就是要寻找高度匹配的供应商，甚至是与同行配合默契的供应商，结果会如何呢？会给我们带来多大的机会和利益呢？

一进一退，审时度势间，你如何选择？还会继续使用“公司机密”这样的托词吗？

第二节 贸易公司在当前环境下如何逆袭

信息的逐渐透明化让商业社会变得更加扁平，而去中间化也变成了国际主流。越来越多的买家，现在可以很容易地通过展会和网络渠道，找到最终的生产商，成本大幅降低，这是社会发展的必然。贸易公司通过信息不对称来赚取高额差价和佣金的时代，已经过去了。

一、不要被“表面文章”迷惑

许多客户的确很喜欢直接跟工厂合作，认为找到最终的供应商，能拿到最好的价格，能节约渠道的费用。所以他们在发询盘的时候，甚至会在邮件里公然来这么一句：“No middle man, please！”意思就是，中间商就别找我了，我只跟工厂合作。

遇到这种情况的贸易公司的业务员们想放弃呢，有些不甘心，可是要伪装工厂呢，迟早也会穿帮，心里非常纠结，真恨不得自己在工厂工作，这个项目就能继续推动。

我要说的是，大部分朋友其实都太过于纠结这些表面上的东西，而被客户牵着鼻子走，也被自己所谓的经验牵着鼻子走。用一句话来分析，就是聪明反被聪明误，完全被别人的条件限制了自己的行动。

案例 2-1　女神的择偶标准

我过去在香港公司工作的时候，有一位女同事 Karen Kwok，年轻漂亮，身材高挑，走到哪里都能吸引众人的眼光。更重要的是，她还是单身，自然让公司里众多还是单身的男同胞们蠢蠢欲动。

Karen 的学历和工作能力都无可挑剔，香港大学本科毕业，伦敦帝国理工学院硕士，进公司之初就是 Management Trainee（管培生），不到三年，就晋升为 Assistant Purchasing Manager（助理采购经理），深得高层赞赏。而她的家境，也十分优越，父亲经商，母亲是大学教授，在港岛南区住着 180 多平方米的大平层。

有次公司聚会，同事之间闲聊的时候，Karen 不经意间透露了自己的择偶标准：

男方身高要在 175 cm 以上，身材要好，不能有赘肉；

男方家庭必须和睦，不接受离异家庭的孩子；

年收入在 60 万港元以上；

年龄在 35 岁以下；

在香港有自己的房子，至少 130 平方米；

和她学历相当，有共同的兴趣爱好；

喜欢旅行，喜欢极限运动。

当然了，其他还有很多，我就不一一列举了。这些条件和标准，的确让大部分男同胞直接打退堂鼓，因为差距太大了，大家根本满足不了这些要求。所以大家自我对照了一下，发现大部分要求都无法达到，Karen 跟自己是两个世界的人，肯定不可能匹配，反而心态放松，直接放弃。

结果两年后，Karen 宣布结婚的消息传来，大家自然为她祝福，可让那些单身男同胞们捶胸顿足、大跌眼镜的是，虽然是办公室恋情，她的结婚对象，却是一位在上海分公司工作的小验货员。更关键的是，这位小伙子其貌不扬，身高连 170 cm 都不到，学历仅仅是大专，还是单亲离异家庭的孩子，年收入别说 60 万港元了，才刚刚达到 6 万元人民币。年龄虽然是 35 岁以下，但是家境普通，在上海没有房子，母亲在湖南老家住的也是 40 多平方米的老公房。看来看去，除了年龄这一条达标外，其他没有一条满足要求的。

可 Karen 还是选择了他，心甘情愿离开香港，去上海分公司工作，也因为没有特别匹配的职位，愿意降薪 40%。两个人的婚姻，也是平平淡淡，没有任何仪式，只是给同事们发了喜糖。

很多年后，也就是 2017 年的时候，我从澳大利亚回国，跟他们夫妻聚餐，聊起她当年的择偶标准时，她开心地笑道："其实我们以为很多东西重要，比如对等的学历、丰厚的收入、相似的兴趣、高级定制的婚纱、奢华的住宅、盛大的婚礼、Tiffany（蒂芙尼，美国品牌）的钻戒，会幻想很多，但是当你真的遇到那个对的人，你会发现，什么标准都不重要，那只是少不更事时的想法，都可以为感情让路。”

当她说这些的时候，她丈夫坐在一旁，温柔地看着她，亲昵地牵着她的手。他们现在已经有了两个孩子，在上海生活得甜蜜且幸福，真心为他们祝福。

二、做出诊断，对症下药

我之所以和大家分享上面这个案例，是希望告诉大家，规则也好，标准也好，是可以打破的，也是可以调整的。所有看似硬性的规定，并不代表没有一丝弹性。没尝试过打破它，又怎么知道不行呢？

在生意场上，太多的柳暗花明，太多的奇峰迭起，都是很自然的事情，以平常心对待就好。如果我们被现实的条条框框捆绑，这个不行，那个不可以，这个不可能，那个做不到，那干脆什么都别做了，直接放弃，直接投降，直接辞职，或许更自在，不是吗？

美国销售大师Jeffery Gitomer（杰弗里·吉特默）就写过一篇文章，叫《销售中最有趣的标志——谢绝推销》，内容很简单，大部分公司都会挂着“谢绝推销”的牌子，但是是否就因此挡住了所有推销员呢？难道就没有人得逞过？其实一块牌子根本就挡不住推销员，不是吗？

所以我们要考虑的是，客户表示了拒绝中间商，他为什么要说这句话？有几种可能性？然后进行有针对性的分析，对症下药，而不是轻易放弃。

案例 2-2 客户拒绝中间商的两个原因

在我看来，客户拒绝中间商背后的原因，或许有很多，但是总结和提炼出来，大致可以分为两个原因。

原因一：客户认为，工厂的价格一定很好，毕竟是最终生产商。而客户的项目稳定，或者订单很大，希望直接跟工厂合作，得到最好的价格，去掉中间渠道的费用和额外成本，这无可厚非。

原因二：或许客户的项目不是太大，后续订单可能也不确定，但是他经营的产品十分专业，因此很在意品质和细节，一定要跟工厂直接对接谈判，他才放心，才觉得心里有底。客户会认为一旦下单给贸易公司，不知道最后转单到哪个小作坊，品质和交货期都得不到保证，会让项目变得不稳定且不可控。

一般而言，大致也就这两种情况，也有可能是两种情况兼有，可以用一句话来总结，就是“客户对贸易公司没有信心，不论是品质、价格，还是交货期”。

当我们分析了原因，知道客户纠结的地方在哪里的时候，就可以有针对性地思考和突破，对症下药。再说直接一些，业务员要突破这类瓶颈，首先就得给出让客户信服的理由，而不是空口说白话。

比如你对一个德国客户说：“我们产品的价格非常有竞争力。”那是空话，因为没有任何实质性的东西来证明你说的，没有任何例证，没法让别人信任，客户反而会觉得你什么话都张口就来，信口开河，根本不靠谱。

但是我们可以改一下说法，改成“我们产品的价格在同一档次的产品中，位居中等偏下，有一定竞争力；再加上我们拥有良好的业务团队，以及丰富的操作德国市场的经验和经历，我们能够掌握好品质和交货期，也能够解决你担心的测试、验货、验厂等环节，而且这些都是被我们其他德国客户证明过的。”

如果你这样一说，是否就有进一步谈判的机会了？因为找到了谈判的核心要素，根据客户纠结和在意的地方有针对性地谈判，找到可以深入沟通的切入点，然后在价格方面再慢慢商量就是了。重要的是，你争取到了机会，一开始就能让客户感觉到，你有存在的价值，有优势，不是一个没有任何技术含量的二道贩子，跟你合作，是完全值得考虑的一个选项。

如果能做到这一点，那就说明这个业务员是足够专业的，而不是依赖所谓的工厂、所谓的价格低廉来吸引客户。低价竞争，永远不是长久之计，也永远不是贸易公司吸引客户的理由。

三、真正体现中间商的价值

再好的价格，也有在竞争中落败的时候。没有最低价，只有更低价，这是不争的事实。一个供应商的价格再低，也不敢说自己是省内最低价，更别说全国最低价、亚洲最低价了，这不现实。

中间商的价值，在于能够平衡供应商和客户之间的合作关系，能通过专业、效率和服务来减少沟通成本，给彼此创造更大的利益。中间商要让工厂觉得，跟你合作，比直接跟客户合作容易且方便许多，利润和付款方式都可以接受；要让客户觉得，通过你来下单，比直接跟工厂谈判省心且安心许多，该赚的钱一分不少，还转移了风险，节约了时间。

只有三方都可以在合作中获利，中间商的存在才是有价值的，业务员本身才是专业、强大、有魅力的。

我们需要思考的，不是跟同行拼价格，而是向那些一流的贸易公司学习，如何变得更加专业和高效，变得有附加值，让客户愿意支付溢价来跟你合作。

办法是人想出来的，动脑筋才能找到出路，不要让思维陷入死胡同。在竞争社会中，永远是适者生存，永远存在二八定律。

闭门造车没有用，关键还是要优化自身的综合能力，学习别人的优点，看看欧美和我国港台地区的贸易公司如何生存，如何打造竞争优势，如何在国际市场和国际分工中分一杯羹。

这些才是贸易公司的同人需要学习的，也是未来发展的出路。

第三节　高度重视无针对性询盘

很多时候，大家都喜欢针对性强、要求详细的询盘，可以直接报价，省心省力。比如说，客户明确告诉你要采购产品的具体规格、包装要求、订单数量、测试标准，还提供高清、多角度的图片，甚至连一模一样的样品都给你寄一个过来。

这样的报价，是不是很简单？价格可以核算得很准确，没有太大的误差。是不是许多业务员都喜欢这样的询盘？是不是很多老板和主管，在询盘信息不充分的时候，都先指示业务员去问清楚客户要求，才可以准确报价？

一、看上去很美好的专业询盘

可我的思维方式还是不太一样。我一直认为，方便和不方便，其实是相对的。对于针对性强、内容十分丰富的询盘，你方便了，但是你同行也方便了，大家做的事情其实一样，就是根据客户的详细要求核算最低的价格。说白了，就是没有提升利润的空间，也不需要更多的谈判和技巧，剩下的就是价格火拼。那这类项目，如果不是有特别价格优势或产品优势的供应商，大多数竞争者都会在前期的报价中出局。

因此针对性强的询盘，看起来很美好、很真实，报价工作很容易，只要在价格方面能达成共识，就可以合作。但事实绝非想象中那么简单，这恰恰是最难的。

你可以很轻易地核算价格，不用做别的事情，不需要多动脑筋，但是对于你的同行而言，也是一样的简单。这样反而会让竞争变得白热化，使价格变成唯一的竞争标准，专业的业务员或许会输给表面价格更低一些的懒散业务员。

我想说的是，客户发来针对性强的询盘，未必就是好事情；而询盘信息不全，也不见得就是坏事情，反而能让出色的业务员有发挥个人能力的余地，通过谈判来赢得机会。

更何况，发送针对性强、要求细且专业的询盘，很多时候也是买手的一种策略，他们本来就有老供应商，一直都在稳定合作，才有那么详细的资料和要求。发这样的询盘，很多时候也只是一种市场调研而已，或者只是对老供应商的一种威慑，并不代表真正的采购需求和真实的订单。

二、无针对性的询盘反而是好机会

我相信很多朋友会有一个疑问，就是有些贸易公司或工厂，经营的产品种类很多，可能从家具到家居用品，从工具到小家电，都有不同业务组的同事在负责。客户刚接触就要你提供一大堆的报价，甚至让你把所有产品的报价单给他一份，应该如何应对？没有任何针对性的询盘，究竟如何报价？

在我看来，这就考验业务员的综合能力了。业务员要如何多角度、多维度地展示优势和特点，来赢得客户的信任和良好的第一印象？Mail Group 就是很好的方法，特别适合这样的场合，一招就可以征服大部分客户，而不至于和订单擦肩而过。（Mail Group 是毅冰自创的邮件群方法，通过极致专业来跟同行拉开差距，赢得客户的信心。具体内容请参阅拙作《外贸高手客户成交技巧》和《外贸高手客户成交技巧 2：揭秘买手思维》，中国海关出版社有限公司，毅冰著。）

因为我在中国香港地区工作过多年，适应了专业供应商的思维方式和工作习惯，也了解了欧美零售商和进口商的差异所在。比如说，美国某个大型零售商要开始准备第四季度的家居用品采购，买手要做的事情就是找美国进口商问问："你们第四季度有哪些产品比较适合我们？"进口商就会给零售商的买手准备一系列产品供选择，然后推荐不同的系列、风格、颜色、包装，考虑货架的陈列和摆放，研究促销模式，还要考虑消费者的偏好，甚至模拟销售场景。

而很多时候，美国进口商也没有太多的想法和方案，也不知道今年第四季度家居用品应该采购哪些东西，那就会开始 sourcing（询价），问供应商："你们有什么产品？可以给我们提供哪些东西？"

在这种情况下，大部分中国内地的业务员，还是停留在"你要什么，我给你什么"的思维定式中，业务模式还是最基础的 1.0 版本。客户一旦自己也不知道要什么，业务员根本就不知道如何做方案，如何推荐，如何报价，询价往往就没了下文，推进不下去了。

而中国香港地区的业务员的业务模式已经升级到 2.0 版本了，因为高成本的压力及缺乏价格优势，就只能通过专业化来找出路，打开局面。遇到无针对性的询盘，他们就会采用一整套专业的手法，来赢得机会。这就是他们存在的价值和溢价的来源。

我们可以通过案例来分析这个情况。假设供应商是做蓝牙键盘的，如果某天收到一个美国进口商的邮件，里面就一句话："Please send me your offer sheet with catalogue."（麻烦你提供你们的报价单和样本。）你怎么做？

如果我是这个公司的业务员，遇到这类询盘，我会特别开心。因为大多数同行都会打退堂鼓，都会觉得这类询盘内容过于宽泛，没什么机会。还有一些同行，或许会回复客户，但也只是提供网站给客户，让客户选择感兴趣的产品，然后再报价。后者虽然好那么一点点，在没有竞争的情况下，客户或许也会进一步回复和沟通。可问题在于，他们如果碰到我这样的竞争对手，在思维和 Mail Group 方法的碾压下，往往就会丢盔弃甲。

三、毅冰 Mail Group 沟通全过程

我会把这个询盘的处理，拆解成十个具体的步骤，一步一步来执行。

第一步：通过谷歌搜索这个美国客户的所有信息，包括在 Facebook 和领英这类社交软件中搜索一下，联系我的这个人究竟是什么角色、什么职位。然后看他们的网站和采购信息，有没有蓝牙键盘，也要查询海关数据及他们过去的采购记录，有没有这类产品，供应商是谁，尽可能做好 Background Research（背景调查）。

第二步：如果他们以前采购过，那就要分析对方曾经采购或者询价过的产品，针对他们以前的采购记录做方案，打动客户，找到可以聊下去的点。如果没有，那就是更好的机会，方案就可以做得更加宽泛、更加自由。

第三步：用好 Mail Group。比如第一封邮件，感谢客户的询价，告诉客户，某某产品是他们这几年在美国市场中卖得最好的产品以及价格区间，价格当

然根据具体的包装和数量而有所不同。如果他有兴趣，我们可以提供免费的样品给他参考。

第四步：第二封邮件跟上，提供三到五款相对不错且适合当地市场的蓝牙键盘。其中必须有一款报价是特别低的，甚至可以不赚钱，其他几款的利润率可以有高有低。

第五步：第三封邮件继续跟上，简单介绍一下自己和公司的情况，最好图文并茂，从产品线到人员架构，从样品间到工厂图片，从现有客户分布到具体销售额等，附上一个漂亮的 Presentation（幻灯片展示）就更好了。

第六步：第四封邮件跟上，说说自己公司和产品的特点是什么，在哪些地方有优势，可以针对客户的需求突出描述相应的优势，还需要特别强调品质和交货期的稳定。如果客户是美国人，而自己的主流市场又是美国，那就可以说说市场份额的问题，比如公司全年的销售额中，美国客户占了 40%，然后在美国客户中，又主要跟哪几个客户合作，做哪些产品，分别的销售额大致又是多少，总之要用数据说话。

第七步：第五封邮件跟上，如果有验厂报告，那就发给客户参考，这是很好的证明实力的办法。如果验过厂，但是没有报告，过去是客户安排第三方验厂的话，那就可以如实告知客户，我们通过了某某大客户的 Factory Audit（验厂），但是就不需要专门发报告了。

第八步：第六封邮件再跟上，发一些其他款式的产品的图片。可能公司的蓝牙键盘有 30 个不同的款式，第一封邮件已经针对主推的产品进行了报价，第二封邮件也对几款适合当地市场的产品进行了报价，那其他产品，就可以挑选一部分，给客户详细的图片参考。邮件里可以拖个尾巴，例如说："如果您有兴趣，我可以给您一个 offer recap（整合报价）。"

第九步：给客户看看我们不同的包装方案，比如彩盒包装、双泡壳包装、展示盒包装、邮购盒包装等，配上图片，可以证明自己的专业，以及对于客户零售市场相关包装和产品外观的了解。

第十步：继续发送邮件，这里就可以适当询问客户的需求，或者问问客户有没有看上什么特别的产品，或是对美国当地其他同行销售的蓝牙键盘有兴趣。然后表示我们很乐意给他专门开发独家的产品，专门给他供货，让他跟其他竞争对手产生产品上的差异，增加利润率。

四、Mail Group 后的功夫

上面这十个步骤完成后，再跟进一个电话，跟客户简单聊聊，提醒对方去看邮件，再根据电话里跟客户简单的沟通，看看客户还有什么关注的地方。如果自己有遗漏的，那回头还可以继续补邮件。

这就是我的 Mail Group 方法背后的思维和具体的执行方案。看似简单，其实很考验一个人，因为不是表面上看的把一封长邮件拆解成几封短邮件那么容易的，绝对不是。如果业务员能按照这个流程来执行，别说内地的同行了，只要价格不是太高，基本上大部分港台地区的业务员，都不是你的对手。

当然，这里面还少了一步，也是关键的一步，就是产品本身的认证和相关测试报告，也需要一并提供。为什么我没有放在上面十个步骤里？这也是有意拖一个尾巴，造成后面持续跟进的切入点，可以找借口继续跟客户探讨细节。

跟进客户与开发客户一样，同样也是大学问。所以我们在运用 Mail Group 方法打开局面，赢得客户赞赏的同时，还需要适当地留一些可以探讨的点，以便在接下来的沟通中，持续展示高效率和专业性。

第一次沟通要尽可能展示优势和特点，把相关资料提供全面，给客户营

造良好的第一印象和专业形象，然后才是技巧性的跟进，抽丝剥茧地解决客户的疑虑，有进有退，就能在多个供应商共同跟进的过程中脱颖而出，让项目进展下去。

这些东西，需要业务员平时好好思考和总结。

五、三个纠结的问题

除此之外，还有三个问题，是大部分业务员特别关注的，也令业务员特别头疼，我这里再简单地梳理一下。

纠结一：时效性问题。比如上面的十个步骤，每封邮件之间的时间间隔，多久比较合适？

毅冰的思路：客户询价的当天，其实就应该完成报价工作，并且要一次性解决。不要等对方追问，然后来来回回来发邮件，客户不见得就会给你机会。客户发一个询价，会有很多供应商收到，如何一开始就让对方震撼，感觉到你的极致专业呢？其实很多东西本来就在业务员心里，只要梳理一下思路，完整、清晰地展示给客户就可以了。看起来复杂，做起来，或许也就是半小时的事情。

纠结二：无认证问题。有些供应商，其实各种认证和测试都没有，部分的测试报告，上面还是工厂的联系方式，具体怎么办？

毅冰的思路：如果测试和证书基本没有，那也有变通的办法，比如说，邮件里关于测试的描述可以这样写："All of our items are strictly according to the testing standard of the US"，轻描淡写地告诉对方，"我们的产品是严格按照美国的测试标准来做的"。一句话点到为止就可以，如果客户回复你，要求提供测试报告，那到时候再研究，究竟是做测试报告的 Co-license（副证）呢，还是把工厂信息打上马赛克再将测试报告发给客户，这就是后话了。

纠结三：少步骤问题。也有朋友认为，流程很好，但是其中的很多步骤涉及的东西自己都不具备，那应该怎么做？

毅冰的思路：其实这个问题更简单了，有些东西具备，那就是优势，就主动突出展示；有些东西不具备，那就不写，不要特别强调。这些步骤，都是可以随意变化和变通的，说白了，就是多角度、多维度展示优势。那劣势呢？别那么实诚，可以避而不谈。

第四节　以工业类产品 Mail Group 谈差异化

在本章第三节中，我们提到了 Mail Group 在开发客户和询盘回复时的优势，可以从多角度和多维度展示专业性，吸引客户眼球，从竞争对手中脱颖而出，为接下来的进一步谈判埋下伏笔。

很多业务员在跟客户沟通的过程中，或多或少都会卡在“询盘跟进”这个环节，总觉得没有那么多东西提供给客户，不知道该谈些什么；价格没有优势；公司也只是普通的中小企业；产品比较大众化，差异化并不明显，找不出可以多角度阐述的内容。

我想补充的是，不同行业、不同产品、不同领域，自然有不同的特点，这没错，可是不管你做哪行，都需要 Background Research（背景调查），都需要 Market Planning（营销计划），都需要 Value Engineering（价值优化），都需要 Service Providing（服务提升），因此都可以找到切入点，跟客户具体谈判，向客户展示特点。

产品可能差异化不明显，但是人的差异化、服务的差异化、专业的差异化，可以很明显，这才是差距所在。

一、产品差异化程度低就无法用 Mail Group?

举个例子，工业类产品、模具类产品，很多业务员就会觉得无所适从，不知道怎么去展示优势、特点，不知道如何用 Mail Group。特别是一些新手，对产品和行业不了解，那更是两眼一抹黑，不知道该跟客户展示些什么。

有朋友就跟我讨论，他们做的产品用于模具中间环节和零件配置，不面对终端客户，也不是零售类产品，所以没有 price list（报价单），也无法推荐产品，因为整套项目，都是按照客户的实际需求来定制的。

此外，他们面对的是中低端市场，准入门槛很低，测试报告和认证等自然也是不够齐全的。如今的做法也就是服务一下客户，根据需求来报价，然后讨价还价，在维持低利润的同时，看能否争取一些机会。

他和老板分析过，觉得产品并没有差异，都是向供应商采购的配件；也没有核心竞争力，因为技术上没有太大特点，同行都能做，也没有什么资料可以提供，所以无法用 Mail Group 方法。在这种情况下，应该如何入手呢？

是不是 Mail Group 的思维方法和开发技巧，仅仅适用于消费品，无法适用于工业用品？答案自然是否定的。

在我看来，任何行业、任何产品、任何公司，都一定是有差异的，这个世界上没有两家完全一样的公司，就好比这个世界上不存在两个完全一样的苹果。关键在于自己去动脑筋，如何把一些相对抽象的东西表述明确，可以用语言文字提炼出来。说白了，这就是 Positioning，是定位的问题。

二、定位造就差异

针对模具类的工业产品，其实完全可以用Mail Group方法，但是跟消费品和零售类产品不同，思路可以再做些调整，进一步拓展一下。

如果我是业务员，我或许会从以下几个方面去思考。

（1）突出自己是工厂，提供一些看起来不错的图片。照片怎么拍，如拍什么东西，怎么选角度，怎么找合适的感觉，是很讲究的。

（2）强调自己在模具中间环节的专业性，然后举几个例子来说明，为什么很多客户会选择从我们这里采购这些配件和零件。

（3）如果测试报告不齐全，把有的都提供给客户，这也算是好事情。提供资料时，强调优势，弱化短板。强的，重点渲染；弱的，一笔带过。

（4）价格肯定是要报的。哪怕模具行业是定制类产品，没有详细的要求无法报价，但是我想说，初次报价不是为了成交，而是给客户参考。仅仅是让对方有一种感觉，我们对自己的价格挺有信心，很自信，所以一开始就可以推荐一些做过的产品，价格只是参考。

（5）不了解需求无法推荐产品，但是可以介绍过去做过的项目和情况。虽然跟现在开发的客户或许风马牛不相及，但是没关系，这就是一种参考和说明。如果什么资料都不提供，如何让客户相信，我们是能给海外市场供货的专业供应商呢？如何证明我们在这个领域的专业性呢？这都是需要拿出证据来证明的，空口白话并无效果。

（6）可以分析一下现有客户采购的配件或者中间产品，是用在哪些模具上的，作用如何，然后着重突出我方原料的品质和等级，通过好的材料来突出配件的性价比和质量高。

（7）既然能拼价格，说明价格本身肯定还是有竞争力的，那就从这一方面入手，多角度探讨，比如我们如何在管理和成本上控制价格，如何节约预算，为客户节省每一分钱，不做无谓的浪费。

（8）工业类产品，在某些情况下，比终端零售类产品其实要好做一些，关键就看业务员如何动脑筋。零售产品，很容易比较价格，很容易找到大量的供应商。但是工业类产品就未必，询价不容易，所以供应商要突出的是自己的服务和效率。

（9）整个 Mail Group 要贯穿的是自身的专业性，专业性也体现在所有的沟通中。一般而言，做这类产品的，往往是技术行业出身，懂技术，但是业务和营销水平还是相对较差。因此从这个角度来突破，从专业入手，让客户感觉到，我们可以对接他的思维，和我们沟通比和其他供应商沟通更容易。

随便总结了一下，就已经有九条了，如果按照每个点的内容，设置好不同的主题，有针对性地写每一封邮件，有理有据，有内容，构建好一整套 Mail Group，是不是会有不一样的局面？

所以针对工业类产品，同样可以应用好这一整套思维和方法，形成标准作业流程，形成对同行业务员的巨大打击。

第五节　约见客户讲求水到渠成

大家都知道，约客户见面，找机会面谈，这是开发过程中最直接、最高效的手段，能大大缩短沟通时间。来回三四十封邮件，可能需要两三个礼拜的时间，但是同样的内容，当面沟通，或许一个小时就全部搞定了。

面对面接触，一方面会有一种真实感，可以观察客户的用词和神态，留意他背后的潜台词，能让对方感受到我们的诚意；另一方面，各种问题都可以直接沟通，避免了邮件往来的低效率。这也是为什么大多数业务员，相比于通过电商平台和社交软件开发客户，更喜欢在展会上直面客户。

但是约见客户，不是什么时候都可以的，也不是什么客户都会接受的。这里面有很大的学问，需要一定的技巧和布局，来寻找一个契机。

有问题存在，这是好事情，可以通过谈判和沟通磨合跟化解，但是不见得就有这么一个可以让彼此都接受的合适机会。你想见面，或许对方不想；对方希望见面，但是你未必接受；又或者双方都想见面，但是彼此都没有给出特别的信号，也有可能错失机会。

一、不意外的闭门羹

案例 2-3 约见客户的困惑

我曾经收到一个朋友的留言，说她老板要求她，把能找到的、跟本公司产品比较对口的德国潜在客户都联系一遍，她老板想在一段时间内集中去德国上门拜访，从而寻找合作机会。

于是她用了两周的时间，在网上搜索了许多德国进口商和零售商的联系方式，一一联系，预约拜访时间。可问题是，她一个一个电话打出去，基本都是闭门羹，不是找不到对口的联系人，就是直接被拒绝，要么就是前台根本连电话都不愿意转给相关的采购部门负责人。

对于这个结果，她觉得很沮丧，不知道该如何突围，不知道该如何向老板交代。同时她也很困惑，明明是寻求合作机会，甚至我方还是带着诚意，带着样品和相关资料，千里迢迢飞去德国拜访，为什么这些公司都直接拒绝呢？明明都在中国采购，都是对口的客户，应该有具体的采购需求，为什么就不给一个机会呢？哪怕见一下，多一个备选供应商，不是更好吗？

我想说的是，她老板的思维方式是对的，开发的方向也是对的，但是缺少了一些必要的步骤，跳了几级，中间缺乏衔接，从而造成连贯性不够，才没有达到预期的效果。

说白了，你想见客户，是因为你想展示你的产品，展示你的诚意，希望能有机会面谈。但是对方不知道，也不认识你，甚至没有前期的沟通和各种磨合，对方为什么要相信你？为什么要留出时间给你？为什么能确定，跟你见面不是浪费时间，而是有价值的呢？

所以在我看来，约客户见面的思路是对的，但是过程错了，步子走得太快，希望迅速达到目的，对方的戒备心自然很重。而且在她的做法中，缺乏了一个核心的东西，就是“见面的目的”。

二、明确目的再约见

每一场会议，每一次会面，都应该有明确的主题，或者一个主要的见面原因。这个目的或许是“我们老同学好久没见了，我正好来你所在的城市出差，顺便过来找你吃个饭，叙叙旧”，又或许是“我最近拿下一个大项目，我想找你聊聊，看有没有机会合作”。在商场上，不管你是约见客户，还是约见供应商，同样要有相应的核心目的，有见面要谈的主题。我觉得图 2-1 所示的三个问题，是需要在约见对方前，就必须明确的。

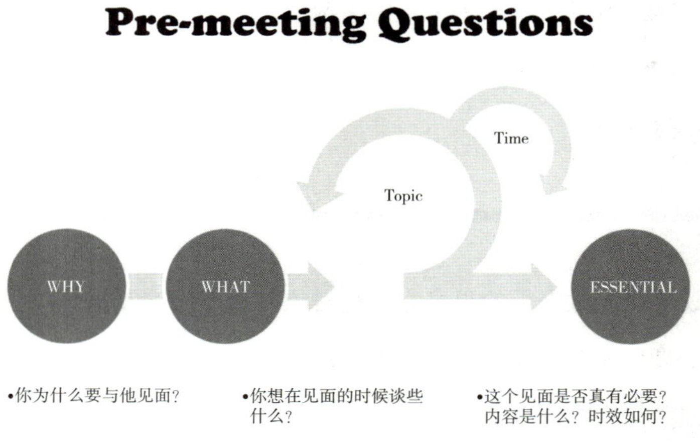

图 2-1　见面前的核心问题（毅冰制图）

只有针对这三个问题进行充分准备，有足够的说服力，对方才有可能进入考虑的阶段，是否真有必要当面谈一次，从而解决一些问题，或者处理一些事情，或者达成一些目的，甚至是增进私人交情等。若是理由不充分，陌生的约见本身就很苍白，容易让对方因为戒备心而拒绝。这就跟上门推销一样，若是没有特别的原因，往往很难被人接受，大部分人没有心思和兴趣听你介绍和展示产品，所以你可能会被礼貌地请出去。

再说得直接一些，每个客户都有自己的事情，工作很忙，而私人时间喜欢留给自己或者陪伴家人，哪怕一个人喝一杯酒，甚至大脑放空坐着发呆，也不想浪费时间去敷衍无谓的人。

你今天突然打个电话，说你是做什么产品的，你老板想去客户公司跟他会面，对方会想："你是谁啊？我又不认识你，为什么要见你老板？我没那时间，也没那兴趣。"哪怕对方嘴上很客气，不得罪你，找个借口推托，或者让你通过邮件提供相关的信息和报价等，结果还是一样的，99% 的人都会拒绝这个冒失的会面要求。

除非是潜在的供应商，前期沟通、谈判过，谈过价格和产品细节，甚至确认过样品，有早期沟通的互信基础，甚至被客户列为备选供应商，有需要的时候可以直接顶上使用。若是这个时候，供应商的业务员来电，表示老板下个月去欧洲出差，到时专程去德国拜访客户，不管是样品、价格、生产计划、付款方式等，老板都可以拍板做主，希望可以得到见面的机会。这样的预约见面的电话，才是有内容、有价值的，成功率也就高。

因此我的建议是，与其浪费时间搜索大量的潜在客户，打一个个 cold call（陌生电话），争取见面的机会，还不如把正常开发作为重点，就用传统的开发模式，从产品、价格和优势入手，逐步跟客户建立联络，进行谈判，然后再筛选出意向较强的客户，进行更深入的交流和需求探讨。在这个阶段，顺理成章找面谈的机会，就变得合理，也容易被客户接受。

哪怕只是前期有过几封邮件往来，起码对方还有一个印象，可以说得清楚你是谁。这时候的预约见面，总比纯陌生的预约，成功概率要高得多。这就是一个先与后的关系，有了前奏和铺垫，一切才是水到渠成的。

我们有目的和方向是对的，也是好事情，但是中间环节往往是无法取消和缩短的，无法一步到位。该走的路还是要走，该做的事还是要做，欲速则不达，不要想着走捷径，还是踏踏实实把基础打扎实，这比什么都重要。

再多的技巧，都不如用心去做好一件事情。客户是人，不是机器，你做了多少事情，花了多少心思，他们都是可以感知到的。我们把该做的事情都做到位，尽最大努力帮客户解决问题、处理麻烦，这是我们的工作，也是我们的职责所在。

客户是上帝，这不是嘴上说说的口号，而是要切实渗透在工作中的。你把前期工作做细致，让客户感觉到，你是高度匹配的供应商，或者有不少令人赞赏的闪光点，自然可以通过见面来进一步接触，探讨彼此的需求，化解误会，为接下来的合作打下基础。

第六节 放弃学院派的销售思维

问：什么是学院派的销售思维？

答：学院派的销售思维是指那些看了几本销售类图书、有一些三脚猫销售经验的人，想当然地揣测买手的想法，自以为什么都懂，总结出的一套似是而非、误人子弟的理论。

这一类问题有很多，不胜枚举。比如说，过度夸大和看重销售的作用，认为销售是外贸工作中的核心环节；比如说，迷信价格在谈判过程中的力量，总是喜欢玩弄小伎俩；比如说，认为做销售很辛苦，但是做采购很容易，因为是甲方，有谈判主动权，而且油水丰厚；比如说，认为买手大多贪财黑心，拿不下订单往往是买手跟别家有桌底交易；比如说，不认真沟通的买手，不是套价格的，就是没有诚意……

殊不知，不在其位，不谋其政，没做过买手的业务员，又如何知道对方的工作方式？又如何知道对方的思维方式？每一行都有每一行的困难，都有各种棘手问题，没有谁比谁简单、谁比谁轻松一说。以自己的立场衡量别人的思维和工作方式，本身就是很可笑的事情。

这一节我想讲的，是关于询盘回复的问题。一直以来我都强调，面对客户的询盘，一定要快速报价，抢占先机，最好能做到当天的邮件当天回复。因为一旦拖延，就容易夜长梦多，客户可能早已和同行谈妥，甚至样品都已经确认，等我们准备充分后再去沟通、跟进，说不定黄花菜都凉了，自然没我们什么事了。

可最近看到了不一样的观点，很有意思，这个观点是：在收到客户询盘的一开始，就应该和客户探讨需求，快速报价反而会阻碍客户下单。

这就属于典型的学院派的销售思维，需要特别警惕，一切应该从实际出发。

一、探讨需求其实是脱离现实

对上述观点，我是持保留态度的。当然，这是委婉的说法。再说得直接一点，我是反对的。

我的理由很简单，这个观点只是从业务员的角度去思考问题。坦白地说，他根本不知道买手是如何工作的，是如何选择供应商的。

我们可以简单设想一下，一个新的项目，买手可能除了两个老供应商外，还会同时接触三十个新的供应商，他怎么有时间应付每一个供应商的问题，来跟你探讨需求？

和客户探讨需求，理论上是对的，但是有一个大前提，就是你已经进入了对方的视线，对方也对你有进一步的期待，才有可能进入需求探讨阶段。而在前期的沟通过程中，这几乎是不可能的。

那对于新供应商而言，怎样才能真正跟买手探讨需求，深入了解彼此的情况，然后再给予准确报价呢？说白了，除非你可以在一开始就给买手非常好的第一印象，让对方另眼相看。

不管什么原因，别人只会和有兴趣的人多聊几句，并不会和任何人都深入沟通。毕竟谁的时间都宝贵，谁有空三番两次应付无谓的人呢？

当你一天接到三个推销电话，可能心态还不错，接起来聊几句，等对方说完后，再委婉拒绝。如果一天接到十个推销电话呢？或许就无法保持耐心，只会接起来，礼貌地回复："不需要，谢谢，再见！"如果数量再增加，一天接到一百个推销电话呢？那可能耐心全无，一听对方是推销的，就直接挂断电话，不发脾气都算是好的。

所以客户处于哪一个阶段，是否有真实需求，只有客户自己知道。客户不会告诉你，除非是老客户，或者比较信任你，也许会说部分真话。

这也是为什么我一直强调，想跟客户探讨需求，在沟通之初，根本就是不现实的。

二、前期报价是为了价位匹配

那为什么我提倡在一开始就报价呢？为什么那么急？为什么不设法先进行深入沟通？

原因也很简单，大多数情况下，买手要知道的，其实并不是具体的价格，因为价格是根据数量、包装、细节、要求、标准、付款方式等的不同而随时调整的。

很多人觉得，资料不全，要求不清楚，没法报价啊。报出去的价格，也是不准的。报高了，一开始就把机会丢了；报低了，后面发现要涨价，也会激怒客户。

其实这些想法都是多余的。因为一开始的初次报价，客户要知道的，往往不是你的价格，而是你的价位。你的价位，能否与客户的大致预算匹配，这才是重要的。

所以我才说，有些人自己没做过买手，纯靠想象来考虑买手的工作和思维方式，生搬硬套似是而非的案例，自然是很可笑的。

为什么这么说？我简单通过一个案例来说明吧。

案例 2–4　楼盘踩点的初次询价

这就好比去看一个新的楼盘，我们会了解具体的户型，也会听销售人员简单介绍楼盘情况和周边环境，还有配套设施之类的。

我们在去之前，也会在网上查询相关内容，也会通过楼盘的广告大致了解价格，比如每平方米的单价，可能是 7 万到 9 万元人民币。

那为什么我们到了售楼处，一看样板间，甚至连样板间都没看，就会忙不迭地问价格，问折扣？我们难道不知道一房一价？我们难道不知道，因为面积、位置、楼层、朝向、户型不同，价格或许相差很大？

我们当然知道，但我们还是会问，原因是，在这个阶段，我们要知道的，其实还是大致的价位，并不是具体的价格。我们会根据价位来匹配自己的预算，是能够接受，还是差距很大。

如果这个小区最便宜的房子也要 7 万元一平方米，但是我的最高预算，或许只是 5 万多一点，结果会怎么样？我大概是买不起的，来看看，也仅仅是看看，只是为了了解一下，长长见识而已。

当然也有可能，在看了之后，心里很满意，然后暗下决心，要买这个楼盘的房子，那么就有可能调整预算，或许就会是两个结果。

结果一：在有限的预算内，买更小面积的房子，控制总价。

结果二：提高预算，设法筹集更多资金。

因此前期的询价和报价，更多是一种基础匹配。客户要知道的，是价位能否满足或者接近自己的预期，从而判断是否真的需要往下谈。

你越是推三阻四，不按照客户要求报价，反而问一些看起来很专业、实际上浪费对方时间的问题，只会让客户觉得你在浪费时间，你不专业，你不靠谱，没兴趣应付你的问题。

三、要投客户之所好

当然了，有些客户一上来或许不问价格，而是问产品、细节、测试、品质等各种问题，那就根据客户需求回复，一一解决客户的疑虑，自然不需要主动报价。

还是那句话，投其所好！

客户要知道什么，你就回复什么，可以适当补充，完善一下，但不能完全按照自己的节奏，扰乱客户的谈判方式和沟通习惯。

好比去办美国签证或申根签证，面签的时候，面试官问什么，你就回答什么，可以稍微补充几句，但是不需要长篇大论，不需要按照自己的想法侃侃而谈，因为别人没时间跟你闲聊。

这里的核心问题，是解决对方的疑问。

如果客户一上来就问："你们能否接受 O/A 60 days（60 天放账）的付款方式？如果可以，我们再谈其他。"这时候，你再怎么强调优势，再怎么分析特点，都没用，因为付款方式就是客户最在意的，是客户的底线，只有这个条件可以接受，才能谈下去。否则的话，就是浪费彼此的时间。

针对这个情况，有个朋友说得就很贴切："就像我们等货代的海运费报价一样。我着急地等着货代的回复，就是为了给客户报价、计算运费的，你给我讲你们公司的优势、服务的完善，我会感觉这小子不上道啊！我很忙，别废话，抓紧给价格。"

是不是这个道理？这涉及核心利益，是无法让步的。

所以我们可以思考一个重要的问题，大多数客户一上来就询价，起码说明对产品有兴趣，有下单的想法，绝对不是闲着无聊，随便逗逗你，也浪费自己的宝贵时间。

那客户在没有给足信息和要求的时候，他自己也知道，你的报价肯定不会非常精准，那为什么还要问？因为他的真正目的是了解价位，然后暗中匹配自己的心理预期，仅此而已。

价位差距不大，才有得谈，谈了以后如果有进展，自然会继续详谈，逐步进展到最终的价格谈判，这就是后面的事情了。

当然，我们也无法否认，会有一些客户是来套价格的，或者根本就是别有用心，想扰乱视听，也不是不可能。比如我自己，就曾经干过这种事情。

案例 2-5 价位匹配后的价格谈判

我原先在贸易公司工作时，曾通过进口商给美国的著名工具品牌Stanley（史丹利）供应手板锯。当时老供应商的价格，好像是含税25元人民币，一次订单大约是一万两千个。

我根据经验判断，老供应商的价格并不是太好，但是我心里也没底，想砍价也不知道余地有多大。更何况，在没有备选供应商的情况下，贸然砍价也会出现问题，一旦谈判陷入僵局，甚至谈判破裂，或许就没有退路了。

所以我一开始要做的，是通过价位筛选、样品确认，逐渐过渡到小单磨合，找到合适的备选供应商。只有这样，才有了跟核心供应商谈判的筹码。想要套价格，我就要找多家供应商询价，提供详细的尺寸、重量、材质、包装、要求等，数量还要夸大一些，尽可能套出大多数供应商的底价。

等到一两轮筛选和沟通后，两三家的价格还不错，那就进展到确认样品阶段，甚至我还会拿出给客户的出货样，让工厂做详细的价格核算，然后专门打样，让我确认品质。

这就是通过前期的价位匹配后，给予详细的要求，一步步套价格，等心里有底之后，再跟老供应商谈判。

说到这里，就必须引出下一个话题，就是新买手跟老供应商之间的相处与合作问题，我认为有必要拿出来专门分析一下。这又是很多陷入学院派销售思维的人难以理解的地方。

四、买手世界亦有铁律

俗话说，新官上任三把火，对于前任买手留下来的供应商，新买手在大部分情况下，都是需要替换的。只是新买手不会立刻动手，而是在不影响公司订单和稳定的状况下，逐步地替换供应商。

这就是买手世界的铁律：新买手上任，大部分过去的核心供应商、稳定供应商，在经历平稳过渡的一段时间后，都会被逐步替换。

其实大家不要想太多，认为是黑幕，有桌底交易，新买手要让自己的亲信供应商上位，是为了拿佣金，赚黑钱。不是的，完全没那么简单，这根本就是外行看热闹，瞎揣测罢了。

很多买手，本身就是干干净净的，不牵扯任何灰色交易，但是替换部分老供应商的事情，还是需要做。这里面还有很多复杂的原因，三言两语难以说清，我可以简单通过一个案例来引出几个问题，给大家思考。当然，这些都是假设的内容，大家不要对号入座。

案例 2-6　新买手上任的几个难题

假设我刚被猎头挖墙脚，入职一家 500 强企业，负责家居用品这条线的采购。这时候，我自然会用最快的时间，了解过去的订单和供应商，熟悉同事和团队，尽快上手。

为了维持稳定，也为了不影响现有的供应链，我肯定会继续维持跟老供应商的合作，这无可厚非。但是在合作过程中，万一我哪天发现，老供应商的价格并不好，偏高了15%，服务一般，配合度也不够，我应该怎么办？

我是不是应该继续跟老供应商谈判，然后重新定价格呢？是不是应该给公司争取利益，也完成自己的工作职责呢？

若是我在原有的价格基础上，成功谈判，让老供应商降价15%，甚至降价20%，结果又会如何？

这里面包含两种可能性。

第一，前买手跟老供应商或许有桌底交易，私自拿钱了，所以成交价格才会虚高，这是中饱私囊的问题，非常严重。

第二，前买手无能，不专业，没有给公司争取应有的利润，抬高了采购价格。

在这个案例中，新买手该如何做？如果不换供应商，又想尽自己的职责，那不管是因为第一种还是第二种原因，前买手的前途估计是完蛋了，他在这个圈子里的名声就臭了。

五、买手要的是安全第一

关于买手和供应商的问题，其实外贸人都有各种经历，甚至一肚子的苦水，这都是很平常的事情。因为彼此的立场是对立的，各为其主，各尽其责。

有两个朋友谈到过身边的例子。

“我们的一个大客户的前任买手，因为他以前采购的价格偏高，就被公司开除了。他们老板认为他跟供应商有猫腻，尽管没有证据，尽管他在公司已经做了十几年，还是把他开除了，而且那个供应商也出局了。”

“我们公司最大的客户，是一个德国进口商，这个进口商被银行和财团宣布破产清算。现在发现，他们的几个在公司待了十几年的买手，工作都不是很稳定，去了新公司，待了几年后，又陆陆续续离职了，这是什么原因呢？”

其实就是因为采购的圈子说大也大，说小也小，大多数人因为工作经历、经验、职业、眼界、人脉、背景、资源等，是在同行之间跳槽和换工作。

如果 A 公司的前任买手出了问题，不管是人品问题，还是专业问题，都有可能传到他现在就职的 B 公司，自然会对他未来的升迁和职业生涯构成致命的影响。

可如果新买手不做好砍价的工作，不给公司培养稳定的供应商，不去争取更多的利益，那就是新买手的问题，是他的失职。

这就是为什么，买手更替，老供应商大概率会被替换的原因。哪怕新买手暂时没有替换供应商，也只是权宜之计。除非老供应商能在短时间内迅速跟新买手建立起工作上的交集和私人交情，或许能不被替换，但这并不是那么容易的。

说白了，你要买手留下你，不换掉你，你首先要知道，他究竟在想什么，他究竟在担心什么，然后解决对方的问题。

买手需要的，是安全第一，是稳定为上。从这个角度入手，高度配合并协助对方的工作，这才是硬道理。至于如何破局，如何避免在新买手上任后被替换，请参阅本书第三章。

之所以用这么长的篇幅来总结和分析案例，还是希望引出这一节的核心观点，不要被学院派的销售思维误导，陷入误区而不自知。任何的理论也好，案例也好，都是有前提的，并非可以随意拿来套用，画虎不成反类犬。

销售的本质是需求探讨，这没错，但是如何探讨？如何切入？如何赢得客户的兴趣？希望本书的内容能给大家一些启发。

第七节　三个方向，四维执行

我向来秉持专业和效率的思维，不止一次强调，在展会上开发和拿下新客户，需要架构一整套的执行思路，形成标准作业流程，可以让效率大大提高。通过特种作战的手法，来打败大多数同行的不成体系的打法。

一、细致分析参加展会的群体

因为客户来参加展会，其实大多数都是有实际需求的，这是铁定的事实。没有人会闲着无聊，去参加一些跟自己的生意毫无关系的展会。比如做服装产品的买手，可能会参加综合性的展会，可能会参加服装类、面料类、辅料类的专业性展会，这都很正常。那他会去参加农药、农具类的展会吗？不会，因为跟他的工作完全不相关，他不可能浪费自己的宝贵时间，去做一些毫无意义的事情。

这就是一个先决条件，你在展会上接触的潜在客户，大多数都是有意向的客户，都有成交可能。再说直接一些，就是你谈不下来、跟不下来的客户，并不一定如你心里所想，质量不高，诚意不足，只是随便看看。有时可能要归咎于业务员能力不行，而同行更加优秀。

而有些人长袖善舞，特别擅长在展会上谈客户，一谈一个准，让许多每天在网上苦等询盘的业务员羡慕不已，恨不得那个人是自己。那别人究竟是如何做到的？这里面有什么奥秘呢？

有人会说，他能讲一口流利的英文，口语实在好，跟客户沟通起来很顺畅。

有人会说，他长得好，身材好，外国人也喜欢跟帅哥美女聊天。

有人会说，他很懂产品，很专业，可以直接跟客户谈细节、算价格。

有人会说，他工作效率高，记忆力强，能回忆起和每个接触过的客户谈的内容。

有人会说，他脸皮厚，一有客户过来，就主动上去搭讪。

有人会说，他运气比较好，总是在展会上莫名其妙撞上大客户。

……

这些理由，听起来很有道理，可事实上，我想说的是，都不是必要条件。

英文好的人有很多，难道外贸做得好的，个个英文都很出色？那公司请业务员，直接请母语是英语的人，就能创造更好的业绩？

长得好，身材好，的确是夺人眼球，但这跟拿下客户有必然联系吗？客户会因为业务员漂亮就下单吗？若是如此，公司按照颜值请员工不是更好？

懂产品，能有工程师或技术人员懂吗？为什么不让工程师去展会开发和接待客户？

其他几个就不一一分析了，总而言之，这些似是而非的理由，只能让自己心里好受些，觉得“不是我不努力啊！是我不具备这些特点，英文一般，颜值不高，脸皮不厚，性格内向，不善言辞，运气也一般，所以我没有别人那么擅长在展会上开发和接待客户”。

这是理由吗？不是。因为你根本没有找到核心问题，没有抓住主要矛盾。

二、展会上，客户青睐什么样的供应商

客户选择供应商，一定会进行综合考量。大部分的买手，都是理性的，会衡量利弊得失，会比较产品和价格，会考虑付款方式和沟通情况，会计算预期利益和风险等级。

展会上有些业务员特别擅长跟客户沟通，其实并不等于他们擅长接单，这是两回事。他们之所以能通过展会接单，能开发新客户，真正的原因是他们让客户觉得，他们是合适的供应商，仅此而已。

那如何让客户觉得，他们是合适的供应商呢？这又回到了老问题，也是本书第一章的标题所强调的，“把你的专业贴上标签”。价格也好，品质也好，服务也好，沟通也好，谈判也好，效率也好，每一项都未必是最好的，但是尽力和用心去做好，用诚意去感动客户，整体上给对方非常好的第一印象，人为地创造出合作机会。

在展会上接触和开发新客户，其实是有一整套逻辑的。如果不是特别知名的大公司、大品牌，其实大多数供应商对于客户而言，都是一张白纸，都是新的。你的公司名叫什么，客户是没有感觉的，也记不住。

能够真正让客户有兴趣的，是你展位里的产品，以及跟他沟通的人。

产品的壁垒，大多数情况下没有那么高。大部分产品，都可以找到同类的供应商和竞争对手，所以客户的选择余地并不是那么狭窄。影响客户采购决策的，除了产品和价格，更重要的，是人。同样的产品，不同人卖，结果

是完全不一样的。

展会的情况又比较特殊，客户或许从你展位前路过，或许进来后简单看了二十秒钟，业务员的时间是非常有限的。如何在有限的时间里，迅速打开话题，拉近跟客户的距离，甚至留下联系方式，做下一步跟进，这非常考验业务员的个人能力和思维方式。

有些业务员，这个步骤做得还不错，在与客户面对面的沟通环节做得很好，敢说敢讲，具有亲和力，又对产品和行业有一定了解，的确可以吸引客户的关注，甚至聊得很开心。但是后续的跟进却不够专业，效率不高，又连续犯错，从而被同行抢走宝贵的机会，也是很平常的事情。

所以要高效开发展会客户，不是当面能沟通就行，而要靠系统化的作业，牵扯到综合能力的问题。

简单总结起来，我认为就是八个字：三个方向，四维执行。

三、三个方向

先看三个方向，就是需要时刻注意“快、准、狠”。

没人有空听你唠唠叨叨，长篇大论，讲公司历史和发展轨迹，或者工厂位于风景秀美的某某城市。客户或许期望的是上午走完这一个展馆，找十到二十家供应商聊聊，没那个时间跟你废话。

所以只能用 elevator pitch（麦肯锡电梯理论）的思路，用三十秒时间把要点、重点讲清楚，不拖沓，不废话，同时要直接让客户抓住主要内容，对你和你公司留下印象。接下来就是根据客户的疑问，给予专业且简明扼要的答复。

客户或许问产品细节，或许问价格，或许问包装，或许问测试，或许问市场，在当面沟通阶段，一定要精准回答，而不是遮遮掩掩，颠三倒四，文不对题，答非所问，甚至顾左右而言他。

当你充满自信的时候，是可以感染客户的。

当你对自己的产品信心十足，当你游刃有余地回答对方的提问时，你的表现，其实决定了客户对你的第一感觉。

"快、准、狠"，是为了给客户留下深刻印象，也是为了营造差异化，和同行拉开差距。

机会靠争，订单靠抢。效率低了，速度慢了，或许什么都错过了。

四、四维执行

再看四维执行，这渗透和贯穿展会开发客户的始终。

（一）第一维度：照片结合 quick notes

这里的 quick notes，可以理解成快速记录。

在过去，大家参展的时候，习惯于用一个本子把客户的名片订在里面，再简单记录谈的内容和客户的要求。等展会结束后，把名片分配给不同的业务员，大家再分类跟进。

但是很可惜，这是传统外贸时代的低效率做法，在电商兴起后，这种做法已经过时，更不用说在复杂的后外贸时代了。

而 quick notes，说白了，就是跟客户在展会上面对面沟通的时候，把客户的需求和要点速记在告示贴上，然后放在产品旁拍照。这样的图文记录，比单纯的文字记录，更加容易使人回忆起谈话的内容和要点。

假设客户看中了我们的一款 Baroque style living room chair（巴洛克风格的起居室椅子），但是觉得下面横栏上的雕花过于复杂，要去掉；靠垫需要做得更加厚实；尺寸还要调整，坐的部分要再加深几厘米；然后布料的颜色改成素色，用原色就好；所有的人造皮部分都要去掉，让我们报价。

过去的做法是，记录客户有兴趣的产品型号，然后把客户的要求一条一条都记录下来。回头跟进客户时，再去回忆当时谈的内容，再根据客户的要求核算价格和报价。这样看起来顺理成章，但是里面还有两个问题。

第一，当你一天接待这么一个客户的时候，或许你记得谈话内容。如果你连续五天，接待了一百多个不同的客户，是否还能回忆起所有内容？还是你看着本子上一条一条的记录，自己都对应不起来？

第二，如果还要等展会结束后，由经理分配不同潜在客户的名片给不同的业务员，时间就隔了更久，更难回忆起其中的谈判内容和细节。A 业务员记了一大堆，B 业务员看着本子上的内容，就能看明白吗？

所以这是很过时的做法，用 quick notes 来替代，说不定就是以下的情况。

第一步，根据客户要求，在告示贴上做速记，如图 2–2 所示。

图 2–2　告示贴速记手法（毅冰制图）

第二步，将告示贴放在产品上，连客户名片一起，拍一张照片，再加一张告示贴特写图片、一张名片特写图片，如图 2–3 所示。这样，拿起手机拍三张照片，所有问题都解决了。回头只需要根据手机里的图片，按部就班跟进客户，就不会弄错。

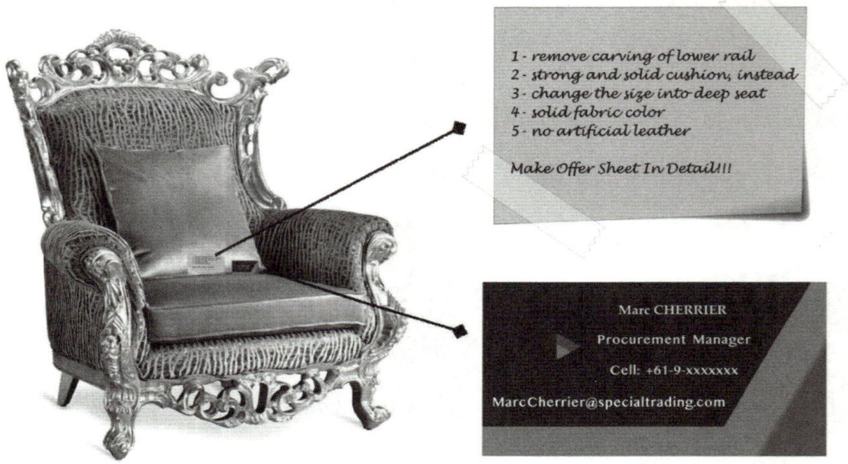

图 2–3　正确使用 quick notes（毅冰制图）

“有图有真相”，总比依靠苍白的文字、描述来找货号和产品要直观得多。哪怕需要把相关资料交给同事来处理和跟进，也很方便，同事将前后几张照片一看，什么都明白了。

（二）第二维度：用好 quick reply

前面已经反复提及过 quick reply，就是快速跟进。

我们不一定能在第一时间搞定一切，解决客户所有问题，完成所有报价，但是我们起码要给客户一个信号：我们正在做，给出拟答复时间。

这个信号很重要，能让对方明白，这个事情是会有结果的，大约在什么时间段可以有结果。而不是让客户无休止地等待，还不知道会不会得到回应。

这个步骤，其实在开发客户和跟进客户的过程中，我是反复强调的，要一直贯穿整个贸易工作的始终，可见这有多重要。

（三）第三维度：专业化报价结合 Mail Group

Mail Group 方法是我多年前的首创，相信大家已经看到很多案例和相关的文章，另外在拙作《外贸高手客户成交技巧 2：揭秘买手思维》中，有详细的案例分析和拆解评论，这里就不再赘述。只是强调从思维角度，这种极致专业的做法，层层递进、多角度、多维度地展示优势、特点，能够最大限度解决客户疑问，并且能和同行拉开差距，争取机会。

专业化报价是其中的重要一环。在本书第三章的第五节梯度报价与参照物设置里，有相关的技巧性策略，请大家认真查阅。

（四）第四维度：用样品再次证明自己

样品永远是前期开发中不可或缺的一环。没有看到具体的产品，其实任何的谈判都是空谈。我们不可能仅仅通过图片和描述，跟客户讨价还价及确认订单，尤其是大订单，那是更加不可能的。

同样的图片，同样的描述，经常网购的朋友们就会知道，价格或许天差地别，对应的东西往往也是不一样的。

客户都希望得到好的价格，这没错，但是在双方无法就价格达成一致的情况下，在客户用同行的低价来砍价的情况下，样品往往是左右对方判断的一个标准。因为业务员需要向客户证明，我的产品值这个价，我的报价是完全靠谱的。

我为什么在第四维度中特别强调“再次”？

那是因为客户前期在展位上只是形成一个初步的印象，后期的跟进、报价、打样，这才是真正的功夫。因为大部分的订单，不是当场决定的，而要经历后期谈判。高效率的样品准备，无疑能在竞争中抢占先机，证明自己是合适的供应商，这是毋庸置疑的。

三个方向，四维执行，是我这十多年来，在展会上开发新客户无往不利的做法。

你不妨试试。

第八节 如何突破测试报告的门槛

在外贸领域中，大多数朋友跟发达国家的客户打交道的时候，都会头疼同样的一个问题，就是证书和测试报告。

工厂业务员，或许会发现自己产品的认证不够全面，很多项客户需要的测试没有相应的报告。如果去做，费用很高，但最后又未必能接到订单，风险不低。怎么办？

贸易公司业务员，往往依赖于工厂的产品，很少会自己去做相应的检测或认证，如果把工厂的证书或测试报告提供给客户，那客户完全可以跳过自己，直接联系最终的工厂。怎么办？

尤其是贸易公司业务员，碰到客户要求提供产品相关认证的时候，往往会更加敏感。因为贸易商本来就是 middle man（中间人），就是从工厂采购，再给客户供货，以赚取差价。若是把底细都交了出去，这生意还怎么做？客户真的会保持诚信，继续合作吗？还是会受利益驱使，根据证书上的信息联系工厂？

那如果不给呢？索性说没有测试报告，不能提供，又或者说要下单以后才能提供，这样可行吗？当然是不可行的，这会让谈判陷入僵局，也会让客户失去对我们的信心。

因为太多的供应商都声称自己的产品品质多好，多安全，多环保，可以达到相关标准，可证据呢？在没有相关证据的情况下，只是空口白话，如何取信于客户？

一、客观认识门槛和标准

有的时候，真的不是客户有意为难我们，而是门槛和标准摆在那里，客户也只能执行。我们就以一把小小的螺丝刀为例来说明一下。

案例 2–7　一把螺丝刀的欧盟标准

假设给一个法国客户供应 screwdriver（螺丝刀），核心的化学测试，我们或许就需要检测 PAHS 和 Phthalates，就是多环芳烃和邻苯二甲酸盐。除此之外，还有 Cr6 和 Cd 之类的重金属检测。

为什么要这么麻烦呢？欧盟为什么有那么多奇奇怪怪的苛刻要求？

其实这都是来源于历史上的一次次事故，通过不同的事故发现不同的问题，然后完善相关的指令和标准，再逐渐强制或者建议应用到产品安全措施中，逐步沿袭到今天。

PAHS 是一种致癌物，曾经在汽车轮胎等相关橡胶制品中被发现，也在 PVC（聚氯乙烯）产业中被广泛发现，逐渐被关注，进而开始受到严控。

Phthalates 是在增塑剂中大量存在的一种成分，也就是伴随着塑料制品和橡胶产品而存在，跟石油工业也脱不了干系。

Cr6 是六价铬，含剧毒。

Cd 是重金属镉，摄入过量同样对人体有害。

其他还有一系列化学测试和物理测试，用来检测这一把小小的螺丝刀。

长期以来，欧美发达国家在产品安全的相关法令上非常严格，甚至到了苛刻的地步。对企业而言，一不小心，产品出现问题，面临大面积的召回和一系列的处罚，那是常有的事情。越是大公司、大企业，会越加谨慎，因为担心公司形象、品牌形象和公信力；小公司、小企业，会同样谨慎，因为大多数无力承担出问题后的召回和天价罚款。

这就是为什么许多客户在一开始询价的时候，就会直接告知相关要求，需要哪些测试或是哪些认证，这就是红线，就是核心议题。一旦供应商做不到，或者顾左右而言他，客户根本不会往下谈，因为只会浪费大家的时间，毫无意义。

而几乎所有的供应商，都会自称自家的产品是 good quality（高品质），在本书第一章的第三节中有详细的分析，还没听说过哪个供应商自称产品又破又烂的。在如今信息爆炸的时代，这类毫无营养的低级话术，那是注定要被扫进故纸堆的，客户根本不会为之所动。

客户之所以一定要查看测试和相关报告，是因为他们要确定，你的产品真的可以达到相关的标准和要求，是经过事实验证的。说白了，就是你说你的产品品质没问题，那就 prove it（证明它）。

如果你支支吾吾，不愿意提供证书和测试报告，或者强调事关公司机密，或者说要下单后才能提供，这些根本无法取信于客户，无法让客户理解，无法让客户安心，也自然会失去机会，把客户往你同行的怀里推。

二、自作聪明带来的大麻烦

我相信大家纠结的是，哪怕真的报告在手，如果我们选择老老实实把工厂的报告提交给客户，结果会如何？或许有两种情况存在。

第一，也许客户仅仅想知道，产品是否真的有相关认证，是否可以达到他的销售市场要求的品质标准，是否完全满足相应的标准，安全性和性能方面是不是真的没有问题。

第二，也许客户并没有那么老实，只是自己寻找工厂比较麻烦，就希望通过这一招找到产品的生产商，从而节约中间成本，获取更好的价格。

两种可能性都存在，甚至我们还会根据经验认为，商人逐利，很难有客户知道最终工厂和更低价格后，可以顶住诱惑而不去联系。

大量的业务员对此是伤透了脑筋，给也不是，不给也不是。怎么办？有人就在听信了某些前辈和高人的“指导”后，不约而同地选择了一个解决办法：造假。说白了，就是通过 Photoshop 软件，修改工厂那份真实的测试报告，把联系方式改成自己公司，甚至篡改产品图片。因为做戏要做全套，有人甚至把所有的细节和产品编号都改到位，检查报告无破绽后发给客户，认为对方未必看得出来。这样一来，订单或许就能顺利拿下，自然是大功告成。

结果呢？经过几次尝试，客户都没看出来，也从来没发现问题，订单都顺利出货。尝到了甜头的业务员，胆子就变得越来越大，只要一碰到客户要认证，要测试报告，全部用这一招，一次次上演造假大法，屡试不爽。

这个招数真的可行吗？真的如有些朋友所说，是打擦边球，是踩在灰色地带，是吗？我相信很多人做了无数次，很多人正在做，很多人准备去做，可我还是要认真告诉大家，千万不可以！这是犯罪！这是害人！一旦出问题被查到，你是会害死客户的！哪怕你真的没有这个心思，但是客户或许会因为你随手篡改报告的事情而破产！

我不是危言耸听，自作聪明给别人带来的麻烦，没脑子给别人带来的伤害，往往不亚于真正做坏事去害人。我们可以看一个案例，没记错的话，那是 2009 年的事。

案例 2-8 一份假报告让德国客户倒闭

我当时有一个不错的德国客户，是当地的进口商，主要采购家居用品，分销给德国、奥地利、瑞士、列支敦士登、卢森堡等中西欧国家的零售商。这个德国公司的采购总监叫 Wolfgang（沃尔夫冈），是一位接近退休年龄的老先生，我姑且把他称为 W 吧。

我跟他打交道多年，也合作过多次，他是这个德国公司的买手老大，经验丰富，非常了解亚洲这边的供应链，有三十多年的采购经验。

当时有一个德国零售商的围裙项目，数量大约是 7 万多个，总金额达到14多万美元。W先生的公司拿下了这个项目，然后下单给广东的某家贸易公司。贸易公司，我相信大家心知肚明，可以是大公司，可以是中小企业，也可以是SOHO（small office，home office，“家庭式”办公族）。

但很多时候，身处千里之外的客户是不知道的，也没有能力调研每一个在跟进和联系的供应商。仅仅通过邮件和电话等沟通工具的往来，通过谈判和交流的顺畅与否，来判断供应商是否专业，是否合适。他们判断的依据，其实大多是通过样品和报价，通过效率和意识，以及日常沟通的感觉。

而这家贸易公司，W先生到后来才知道，仅仅是一个小SOHO，用的是离岸公司和海外账户，在中国根本没有办公室，除了手机号和邮箱是存在的，其他所有的一切，从地址到电话、传真，通通都是假的。

围裙这个产品，可能很多业务员没接触过，不太了解，出口德国是需要通过LFGB测试的。这是硬性条件，跟餐具这些直接接触食品的产品一样，要符合一模一样的标准和测试要求。

LFGB是德语Lebensmittel Bedarfsgegenstande und Futtermittel-gesetzbuch的缩写，表示《食品、烟草制品、化妆品和其他日用管理法》，主要测试化学物质的安全性、重金属迁移，以及迁移总量，这里面的内容和标准非常复杂，可以简单理解为“食品级标准”。那个时候，大多数中国供应商，仅仅只是声称可以达到美国FDA（美国食品和药物管理局）的要求，但是要找到通过LFGB测试的围裙供应商，又要满足价格的要求，是非常困难的。

所以W先生问了无数个工厂和贸易公司，最终只有一家“贸易公司”可以满足价格要求，并且“拥有”LFGB测试报告，也通过邮件发给他确认了，这让他十分欣喜。并且这家“贸易公司”的业务员在沟通中无时无刻不透露着专业气息，W先生相当满意。

既然如此，订单就顺理成章下了过去，也四平八稳地出货了，一切都是那么美好，这事情本来到这里，就应该告一段落了。可令人没想到的是，货在德国销售的过程中，被德国政府的相关工作人员抽查，结果出人意料，迁移测试没有通过，而且连基本的Phthalates（邻苯二甲酸盐）都超标，完全不可以在德国销售。

零售商怎么办呢？自然是召回所有产品，承担一切消费者的损失，还要接受政府有关部门的高额罚单。而这一切的损失和费用，最后都由W先生的公司承担，因为他们是供应商，是进口商，需要承担一切责任。

这一下，产品召回的各种费用，加上所有连带的费用，以及惩罚性的赔偿，在那个年代，就是数百万欧元，虽然谈不上天文数字，也足以让一家中小企业破产倒闭，让所有员工失业。

W先生当然认为是误会，他提交了产品的测试报告，认为是测试标准的理解和解读不同，所以在中国和德国，得出了不同的结论。他认为，产品是符合LFGB标准的，要申请重测。可第三方机构无须检测，就直接证明，这份报告是属于另一家供应商的，修改了公司名，内容也稍有不同。也就是说，这份报告，是通过PS软件篡改的，完全是假的，不具备任何效力和参考意义。

W先生这下傻眼了，想找这个中国供应商承担责任，想在中国打官司，结果发现，通过邮件联系了几次后，就再也找不到联系人了，座机、传真号码是假的，手机停机，就凭借一个英文名字，连对方是谁都不知道，这官司怎么打？

因为供应商是用香港公司的抬头来操作订单，所以要在中国香港地区起诉，而对方又是离岸经营，要内地和香港的执法部门合作，难度可想而知，取证也十分困难。这事情拖到最后，也是不了了之，而W先生所在的公司，在承担了高额赔偿和欧盟的相关惩罚性赔款后，正式宣布破产。

我之所以举出这个案例，是希望告诫大家，不要去害人。我相信大多数外贸业务员的本意都不是坑人，都没有坏心，仅仅只是为了接单而已。可是你随手造假的测试报告，真的有可能会害惨客户。

要知道，客户不是打假办，也不会把每个供应商都当成嫌疑人，根本不可能一一去检查证书和报告的真假，这是因为基本的信任，当然也因为没那么多时间。

客户的公司因为你随手造假的文件而倒闭、破产，你忍心吗？我们做生意，讲究的是长长久久，生意不成仁义在。造假，在任何时候，都是严重的问题，都是绝对无法容忍的信誉污点。

三、行之有效的提供证明的途径

大家可以设想一下，一旦某个客户发现你造假，结果会如何？可能本来合作得好好的，也会因此而产生巨大裂痕，甚至再也没有后续合作了。当然，如果是正规的企业，跑得了和尚跑不了庙，或许还会因为造假而被索赔，引起严重的法律纠纷，给公司的形象和声誉带来重大打击，同时也会影响客户对中国供应商的印象。

在开发客户的过程中，务必要摆正自己的态度，三观要正。“芝兰生于幽林，不以无人而不芳；君子修道立德，不为穷困而改节。”我们立身处世，要有所为，有所不为。有些事情不能做，那么无论在什么情况下都不能做，没有什么例外。

上面这么惨痛的案例，还不能给蠢蠢欲动的业务员敲警钟吗？如杜牧《阿房宫赋》结尾所写的：“秦人不暇自哀，而后人哀之；后人哀之而不鉴之，亦使后人而复哀后人也。”

那既然我们知道问题所在，还是得研究解决方案，这才是正事。

我的建议是，根据客户的情况及具体谈判和沟通的情况，尝试不同的策略和方案。整体而言，大约有三种思路，可以堂堂正正地做生意，不走歪门邪道。

（一）思路一：通过 co-license 来做共同列名

在过去，我国港台地区的大多数贸易商的做法是，关于自己的核心产品，跟工厂协商，在测试报告或者证书上，加上自己的公司名，作为共同列名。

其实这就相当于在主证之外，加做一份副证。这个副证，英文就是

co-license，也有很多客户称为“multiple listee”，后者的意思是多重列名。

用这个思路，其实就等同于，测试报告为双方共有，只要主证有效，副证就有同等效力。如果主证过期了，无效了，或者被测试机构吊销了，那副证也就一并失去效力。

贸易公司可以采用这样的手法，跟工厂深度合作，甚至可以适当分摊一些测试费用，从而让双方获得双赢，把这事情搞定。

而贸易公司在开发客户的过程中，碰到测试的相关要求，就可以提供这份报告给客户参考。客户一看，的确这个公司是证书的所有者之一，那就没问题了，其他内容都可以查询，都是真实有效的。

虽然客户也可以通过 co-license 寻找主证的持有者，也就是真正的最终工厂，但是大家要明白的是，做生意靠的是信任，是专业，靠防是防不住的。说难听点，哪怕你什么都捂着，什么资料都不给，什么口风都不透露，难道客户就没有办法吗？如果对方要验厂呢？要拜访工厂呢？不还是迟早会穿帮吗？

不要说这是我们投资的工厂或者这是我们控股的工厂之类的话，已经过时了，21 世纪还用这种老掉牙的借口，只会让别人笑掉大牙的。客户都不傻，只要亲自来一次，看一圈，走一圈，谈一圈，其实什么都明白了，言谈举止，眉目神情，流程细节，难道看不出来吗？

撒谎就是撒谎，一切的小伎俩，在专业买手眼里，往往都是无处遁形的。所以不用耍小聪明，还不如堂堂正正、大大方方。

（二）思路二：将报告中的关键信息打上马赛克

有些证书和测试报告，的确可以去做共同列名，但是这不是绝对的，不是唯一的解决方案。而有些产品的证书和测试报告，是无法做副证的，或者费用特别高。举个例子，如果你是做电器产品的贸易公司，客户发来关于一款产品的询盘，指明必须要有 GS 认证。你的合作工厂，的确各方面都高度匹配客户的要求，价格也相当有竞争力，唯独没有做 GS 认证。你找第三方咨询后，发现做是可以做，但是费用很贵，而且每年还需要续费，每年的年费就要八九万元人民币。这种情况下，许多贸易公司在没有稳定订单的情况下，是很难下定决心，跟工厂分摊费用，去做这个认证，进行共同列名的。

但是客户在没有认证的情况下是肯定不会下单的，那么合作必然没有办法进展下去，因为没有一丝一毫谈判的余地。如果我们找到了真正拥有 GS 认证的电器工厂，我们能否把工厂的证书和测试报告给客户呢？

客户也知道，拥有 GS 认证的工厂很少，自己很难找到，所以才会到处询价，贸易公司才能争取到报价的机会。如果把所有的资料毫不掩饰地发出去，或许客户就会跳过你，直接联系证书的所有方，这就让贸易公司很头疼，生怕一不小心就为他人作了嫁衣裳。

目前国际主流的做法，也就是大多数欧美的进口商、我国港台地区的贸易商采取的方式，是把证书或测试报告的关键信息打上马赛克，包括工厂的联系方式、产品编号、证书编号等，让客户可以看到除联系方式外的所有内容，看到真实的产品测试情况和相关的结果，等客户确认正式订单后，再提供完整的证书或测试报告。

这就是大大方方的做法，贸易商就是贸易商，没必要伪装。而将关键信息打上马赛克，对于贸易商保护自己的利益是很关键的，许多客户也能理解，因为这是贸易公司的生命线。

（三）思路三：小费用的测试，可以自己做

有些测试项目，费用其实很低廉，在这种情况下，贸易公司完全可

以自己找第三方公司做检测，自己拿到的就是测试报告的主证，这不是更好？

举个例子，假设做 non-woven shopping bag（无纺布材质的购物袋），我们一般需要做一个很重要的测试，来测试染料的安全。这个项目，就是 AZO free，测试染料中是否含有高度致癌的偶氮成分。

但是这个测试的费用其实并不高，哪怕找德国主流测试机构 TÜV Rheinland（德国莱茵）来做，也只要花几百元人民币，所以没有必要做副证，或者把工厂的报告信息打上马赛克。

直接用贸易公司的名义做测试，报告掌握在自己手里，可以大大方方给客户看，反而让对方觉得，这个供应商是靠谱的，产品的品质肯定没问题，而测试报告还是权威的德国莱茵出具的，非常专业，客户一下子就有了好的第一印象。

因此在价格不高的情况下，我真的建议公司追加一小笔预算，以自己的抬头名义去做测试，这样在开发新客户的过程中，这份证书或测试报告就是极好的品质证明，能产生极大的广告效应。

三种思路，一个方向，突破测试报告的门槛，其实并不难。

第三章

谈判没有僵局

谈判陷入僵局怎么办？如何破冰？

其实没有那么多怎么办。

充分的准备，技巧的锤炼，

是让谈判如鱼得水的关键。

当然，我们还需要知道的是，

客户的心态，同行的状态。

第一节 真拒绝还是假矜持

一、客户拒绝的七大因素

客户要买一个手机壳，有两家供应商，他可能很好选择，比较一下，二选一就行。那如果有两百家供应商呢？究竟谁能脱颖而出？客户又会偏好谁？这就是一个非常复杂的选择了。所以在大多数情况下，一个项目的跟进，一个客户的开发，往往都是从拒绝开始的。客户的反馈，或许是这样的：

（1）对不起，我们没有换供应商的打算，我们的老供应商很好；

（2）你们的价格太高了；

（3）我觉得你们缺乏跟美国大零售商合作的经验；

（4）样品还不错，但是我们现在没有采购计划；

（5）我需要比较一下别家的报价再决定；

（6）我们无法接受你方的付款方式，我们常规都是做 60 天账期；

（7）最近汇率不稳定，我们觉得下单的风险很大。

虽然还有可能存在其他各种各样的原因，但是大体上，根据笔者判断，客户拒绝一个新供应商，或者双方在谈判中陷入僵局，多半是由于上面的七个原因中的一个，或者几个。如果用图来表示，可能就如图 3–1 所示。

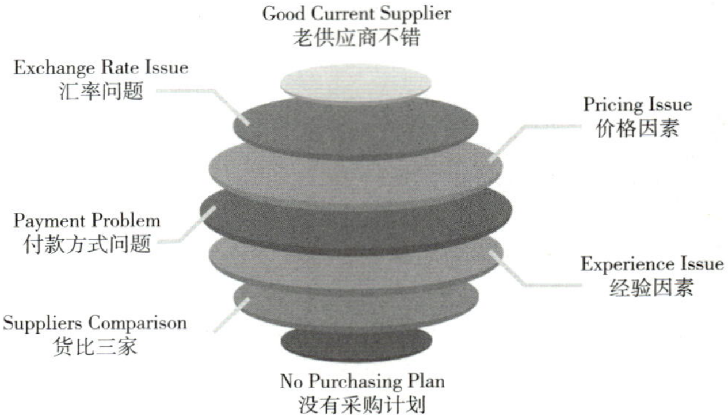

图 3–1　客户拒绝的七大原因（毅冰制图）

二、7+N 种可能性，从表层拒绝到深层拒绝

除此之外，可能很多朋友还会面临其他问题。比如，你没有通过美国的加州 65 测试，所以客户对于合作有顾虑。

这看起来是另外一种原因，但是仔细归类，也属于上述的第三类，即客户认为你缺乏经验。因为没有相应的测试报告，客户会认为，你缺乏这方面的经验和能力，所以对于接下来的合作有很强的戒备心。这个时候，一旦你应对不当，很可能就会把问题越变越糟，使客户从表层的拒绝变成深层的拒绝。

把谈判过程总结成对话形式，我们就能轻易看出，从表层到深层拒绝是如何进展的。

案例 3–1　从表层拒绝到深层拒绝

客户：你们有没有通过美国的加州 65 测试？（心理活动：这点对我非常重要。）

业务员：没有。

客户：好吧，那我们可能没法合作，因为这一点对我们非常重要，我们需要供应商充分了解美国市场，产品也足够安全。（心理活动：开始怀疑这个供应商是否合适，进入表层拒绝。）

业务员：我们也和很多美国客户合作过，大家都没有提出这个要求，所以我认为这是不需要的。

客户：是吗？你们目前给哪些美国客户供货？（心理活动：是吗？你是觉得我还没有你懂吗？让我看看你都和什么客户合作过，怎么会不考虑这么重要的测试问题？）

业务员：不好意思，这是我们的商业机密，不能透露。

客户：明白。（心理活动：这显然是撒谎啊！没有任何操作经验，但是为了争取订单，选择伪装和撒谎，这样的供应商一定不能用）。

这么一来，很显然，客户就从表层拒绝变成了深层拒绝。问题出在哪里？其实就是业务员的思维有问题，使谈判出现问题。

客户一开始就拒绝了吗？其实并没有，还有很多的机会可以补救，可以转危为安。一旦业务员谈判思路正确，是可以做询盘转化的，可以把拒绝变成观察，甚至变成接受。

三、从表层拒绝到另眼相看

那究竟如何应对才是正确的呢？什么样的谈判思路可以化解危机？还是以上面这个案例作为基准，大家看一下，正确的应对策略应该是什么样的。

案例 3-2　从表层拒绝到另眼相看

客户：你们有没有通过美国的加州 65 测试？（心理活动：这点对我非常重要。）

业务员：我们目前没有单独做过加州 65 测试，但我们的产品出口过欧盟，针对 Phthalates（邻苯二甲酸盐）、PAHS（多环芳烃）、Cd（镉）之类的重金属物质，都做过相关的检测，我们有信心，我们产品的品质完全没有问题，可以通过各类化学测试。

客户：嗯，明白。但是通过加州 65 测试对我们来说，是必须的，我们的产品有很大一部分会在加州当地销售。（心理活动：这个供应商还算懂行，但是缺乏测试报告，先谈谈看吧！）

业务员：完全理解，我们也给其他美国客户出过货，虽然我们没有单独做过检测，但是客户做过相应的检测，一切顺利。

客户：你给哪些客户供过货？（心理活动：看来有希望，这个供应商有和美国其他客户合作的经验，产品应该可以达到相关要求。）

业务员：我们曾经通过香港贸易商给好市多和克罗格供货，而我们的工厂也通过了相关的验厂。请放心，我们一定会全力以赴，服务好每一位美国客户的。

客户：很好。但是我们公司的规定是，需要供应商去做相关的测试，并且提供报告给我们。（心理活动：这个供应商既然克罗格和好市多能用，我当然也可以拿来用。目前也就是缺测试报告了，涉及成本和费用。）

业务员：没问题。这方面我们有丰富的经验，也有充分的信心。这样，我们可以把相关内容写进合同条款里，如果您确认可以下订单，我们会找 Intertek（天祥集团）安排加州 65 测试，并且提供完整的测试报告给您。这中间涉及的费用，我们会承担。

客户：非常棒！那我们好好谈一下细节吧。（心理活动：太棒了！看来我找到了合适的供应商。）

同样是需要客户的订单，前者的处理凌乱，思维无序；后者的处理专业，一环扣一环，通过自身的能力去征服客户，把订单确认下来。大家认为，这结果能一样吗？

因此表层拒绝的根源，在于不确定，在于对供应商信心不足。这时候，如果业务员可以打一手好牌，整合现有资源，通过软实力去征服客户，表层拒绝就不会变成深层拒绝，而是出现逆转，变成了另眼相看。

四、谈判中的赌气行为不明智

我一直希望告诫大家的是，客户的拒绝，在某种程度上，并非拒绝，而是给你机会去进一步展示实力，推进谈判。

业务员不要急着跟客户争论，反驳客户的意见，这除了火上浇油，让自己心里痛快一点外，对实际的项目并没有任何帮助，反而会起反作用。只会把客户原有的疑虑进一步加深，暴露更多的缺点，让事情更糟糕。

这就好比很多业务员经常会做的一件大错特错的事情。

案例 3-3　话里话外的讽刺

客户：价格实在太高了，你最低可以把价格做到多少？

业务员：我们最多再降 5 个点，9.5 美元的确是我们的底价了。

客户：我的目标价是 4 美元，含包装和测试费用。

业务员：那你卖给我吧！一模一样的东西，4 美元，你有多少我买多少。

……

这一类的谈判案例，其实很常见。业务员往往沉不住气，在谈判过程中，一旦客户抛出一些无法接受或者特别离谱的条件时，立刻就会条件反射，反驳、讽刺客户，这其实毫无意义。讽刺客户有什么意义呢？难道对方就会立刻认错，认为不应该用这么离谱的目标价让你难堪，立刻接受你原有的价格吗？这不可能，反而会使客户觉得难以下台，直接取消联系，谈判就此结束。

所以赌一口气的行为，在我看来十分不明智，也是不理智的。做，或者不做；卖，或者不卖，都是正常的。谈不下来，大不了这次不合作，以后继续找机会就是了。但是讽刺客户，或许就让一切戛然而止，再也没有以后，再也没有将来，或许就永远失去了这个客户，前面所有的一切努力和时间都付诸东流。

五、总结

我们都知道和气生财的道理，但是在实际工作中，能谨言慎行，严格按照这四个字来执行的业务员，凤毛麟角。

因此不管出于何种原因，我们首先要做的，不是反驳客户，也不是放弃，而是通过需求探讨，巧妙引导，弄清楚真实情况，从而分析是否有误会，有没有别的突破口，能否找到新的出路，这才是关键中的关键。

生意是谈出来的，信任是培养出来的。

不要害怕被拒绝，这或许是另一个接受的开始。

第二节　细节都确认了但就不下单的客户怎么跟进

我相信很多朋友都有这样的焦虑，和有些客户明明什么细节都谈妥了，报价经过多次讨价还价后最终已经确认，数量经过艰苦谈判后达成共识，付款方式完全可以接受，其他相关的细节也没有疑问，可客户就是不确认订单，你左等右等，左催右催，就是只打雷不下雨，客户到底想干吗？

面对这种情况，不同业务员的处理方式也是不一样的。目前最为常见的一种，我把它称为“碎碎念”方式，如图3-2所示，也就是一次次骚扰，一次次催促，从三天一小催，到五天一大催，到十天一暴催，到半个月下最后通牒；从邮件到短信，从短信到聊天工具，从聊天工具到电话，除了催还是催，一直催到自己最后都没了脾气，不是把客户彻底得罪，就是自己主动放弃。

图 3-2 碎碎念的催促方式（毅冰制图）

一、分析一下他为什么不回复

大家不用笑，其实这一类“碎碎念”业务员，在实际中占了绝大多数，因为不知道该如何跟进，有什么技巧，只是想当然地认为，只要客户不回复，或者不下单，我就要问，就要了解情况，一直问到客户回复我为止。

其实这种思维的本质是没错的，但是方法用错了。订单确认，很多时候就是经过前期的各种谈判和磨合逐步完成的，逐渐打消顾虑，然后由于工作需要和利益驱动，顺理成章完成的。这不是催可以催出来的，跟进需要技巧，让客户由于不胜其扰而下单，那只能出现在肥皂剧里，在现实中是不太可能的。

不要认为，你今天催客户，明天催客户，有事没事催一下，一空下来就再催一下，结果客户就下单了，你就可以得意了，以为客户下单是因为催得紧。这就陷入思维误区了。我想说，客户绝对不会因为催促而下单，如果客户本来就有下单的计划，哪怕你不催，订单也会下，只是你推动了一下，客户把这个工作给提前了，仅此而已，但是如果你不推，不去催促，通过技巧性谈判和彼此间的良好互动，订单同样可以拿下。

客户若是不下单，肯定有内在的原因需要考虑，也许他还有担心的地方，也许还有一些现实困难，也许仅仅因为最近工作太忙。比如图 3-3 所示的几种原因，都是阻挡客户立刻确认订单的原因。

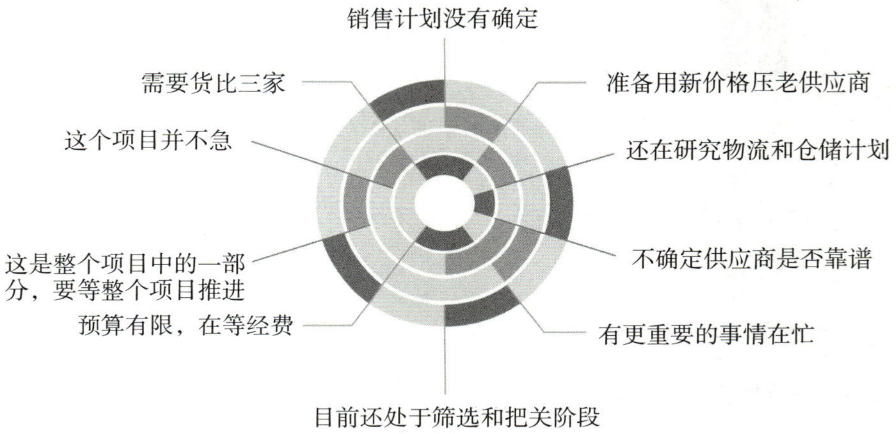

图 3-3 阻挡客户确认订单的原因（毅冰制图）

当然，还有无数种可能性存在，而真实原因，往往只有客户自己才知道，你未必可以探知真相，也未必可以从表面的迹象揣测背后的情况。

二、“7+7+1”策略

那既然前期的内容和细节都确认了，我们跟进的时候，应该如何处理才更合适呢？这时候贸然降价肯定不行，这是自乱阵脚，只会让客户觉得可疑，无助于敲定订单。很多朋友都会陷入一个思维误区，觉得客户迟迟不下单，是不是因为同行恶性竞争，低价抢单？我是不是也要降价？

错了，我们一直强调，降价可以，但是需要有说得过去的理由，不是随意可以降的。如今突然降价，只能说明过去的价格水分大，不靠谱。如果是过去价格报错了，现在降价呢？那只能说明业务员不专业，同样不靠谱。所以在价格已经确认的阶段，催促订单就绝对不可以围绕价格来动手。头脑要清醒，这种昏招绝对不可以用。

那有没有可能真是价格原因导致的呢？比如跟客户谈判了很多轮，最终客户抛出目标价，你也接受了，客户按照规矩应该下单。但客户突然又找到了价格更便宜的供应商，而且价格差距不小，这个时候，客户就不好意思反口，不好意思改目标价，只能消失，只能不回复，有没有这个可能？

的确是有可能的。许多客户脸皮不够厚，根据商业规则，一旦价格谈拢，是不可以随便再推翻先前承诺的条件，再谈价格的。而有些客户就比较无耻，不把承诺当回事，哪怕下了订单，到了出货的时候，也会说："你的同行的价格便宜很多啊！你要给我打折。"这种无视合同的情况，确实偶尔也会碰到。但是大多数人，还是守诚信、重承诺、有契约精神的。答应的，谈好的，是不会轻易撕毁和反口的。当客户谈好价格的时候，突然发现真的有更好、价格更便宜的供应商，就此消失，也不是不可能，因为不知道怎么面对你。

（一）发封邮件，小试牛刀

那我们该怎么做？催促，对方可能不回复；等待，或许就没下文了。你心里可能七上八下，但已经到了临门一脚的时候，更加要沉住气，不能坏了大事。我个人的建议，是进行诚恳的需求探讨，不要催促，可以先通过一封邮件来推动一下。直接开门见山地点明，基本上我们谈完了细节，现在是不是可以准备 PI（形式发票，Proforma Invoice 的简写）给你？邮件写法如图 3–4 所示。

Dear Michael,

As per our previous discussion, we fixed almost all the issues to go ahead.

Shall I prepare the Proforma Invoice at the moment?

Best regards,
Yibing

图 3–4　跟进客户的第一封邮件（毅冰制图）

（二）第二封邮件，技巧性渗透

如果说，这封邮件发完一个礼拜以后还是没消息，那可以再跟进一封邮件。需要注意的是，时间点的安排不要过紧，因为这不是普通的跟进邮件，可以通过技巧性的内容渗透展示优势。而且在已经确认好一切细节的情况下，要给予对方一定的时间。

第二封邮件大致的思路，是要弄清楚客户不下单的根本原因所在，究竟是项目搁置或项目取消，还是已经在别家下单了。这封邮件的核心，是不可以让客户下不了台，要主动给对方搭梯子，让他顺势往下爬，同时你也可以谋划下一步怎么走。或许，你可以考虑点到为止，写法如图 3–5 所示。

Hi Michael,

How are you getting on? Is there anything we can support you to proceed?

Please do not hesitate to contact me for any further issues.

Regards,
Yibing

图 3–5 跟进客户的第二封邮件（毅冰制图）

（三）利用电话适时跟进

这封邮件发过去，可以再耐心等上一周，千万不要心急，心急吃不了热豆腐，哪怕再想联系客户，也要沉住气。

这封邮件加上前面那封，其实总的加起来已经过了半个月，这时候如果还是没有任何回复的话，可以考虑打个电话，看看客户那边究竟有什么情况，有没有什么需要你们协助或者需要做的。当然，也可以顺便了解，前面的邮件客户有没有看到，还是因为什么其他原因没有回复。

必须要知道的是，欲速则不达，订单不是催出来的，是谈出来的。对方越是不下单，越不能逼着对方，一旦他好面子，感觉下不来台，或许原先可以下的订单，都不下了。

这就是“7+7+1”的跟进策略。对于几乎所有问题都已经确认但就不下单的客户，可以考虑采用“7+7+1”的节奏来进行系统化的跟进。第一封邮件后 7 天，写第二封邮件，再 7 天后若是还无消息，再结合一次电话跟进，正好是一个完整的闭环。千万不能着急，这就好比前期接触客户，恨不得一给客户报价，第二天就催订单，绝对不可以这样紧逼，要给对方足够的时间和空间去考虑和衡量。催得越急，有的时候只会把客户催“死”，把订单催黄。

写邮件的思路，还是和我一直以来的观点一样，点到为止，云淡风轻，不需要多说，两三句话点明主旨，该说的都说到位，让客户不会误解，没有多一个词的废话，这就够了。

大多数人都不喜欢被别人一直催，不喜欢那种被掐着脖子的感觉。就好比你去看了一次房，中介天天来催：什么时候买啊？什么时候付款啊？什么时候签合同啊？每天“电话＋短信＋微信”轮番轰炸，几天后，或许本来你有兴趣的，都被烦得直接拉黑他。

客户如果心态坏了，对业务员产生了厌恶的感觉，就会本能地决定保持距离，或者选择其他的供应商。这对于业务员而言，就是毫无技巧的无休止催促，才导致了最坏结果的出现。

第三节 新买手上任，老供应商如何摆脱边缘化危机

我在本书第二章第六节中，专门分析了新买手上任，急需更换老供应商的真实原因。既然知道新买手必须要做的事情，那老供应商该如何做，才能避免被更换的命运呢？

很多老供应商，也是足够专业、敬业的，或许本来就是最合适的供应商，如果仅仅因为客户的人事更换而被替换掉，本身也是很冤枉的事情，根本是非战之罪。

特别是有些供应商，用了好多年的时间、精力、心血，通过无数次报价、打样、磨合，好不容易才拿下了一个 trial order（试单），以为终于进入了客户的供应商行列，所有的努力都是值得的。结果，因为对方人事变动，买手换人了，就平白无故遭受池鱼之殃。

我们不禁要问，究竟有没有办法，能够避免或者减少这样的情况发生？

换供应商的原因，我们在上一章的内容里已有解释和案例分析，这里就不再赘述。在这里，我们还是继续通过更多案例，来深入思考如何破局。

一、新买手的逻辑

案例 3-4　新项目被全部否决

有个学员 Ken 碰到的麻烦问题是，一个合作了四年的大客户，突然之间就不再下订单了。这个客户以前一般都是三个月下一次单，非常稳定，如今过了大半年了，客户杳无音信，不管怎么跟进，都没有下文。

Ken 做的是箱包类的产品，一般都属于 regular order（常规订单），不太可能会出现突然没有订单的情况。在我看来，很可能就是客户有了其他的供应商，于是逐渐减少 Ken 的订单，甚至取消订单。

当时我就开始怀疑，是不是客户的买手换人了，照理说，作为稳定的老供应商，突然订单锐减甚至消失，是很可疑的。哪怕老供应商突然出现问题，双方一般都会先沟通和谈判。什么都不说就失联了，这或许就说明了一些问题。

果然后来 Ken 告诉我，的确是买手换人了。但是除了正常的订单外，跟旧买手谈的新项目还有十几个，正在打样的产品也有好几十款。他本来信心满满，觉得至少能开发几个新项目，没想到新买手刚上任一个月，就把所有的新样品全部否决了，仅仅维持老订单。结果几个月后，老订单也没了，合作全部停滞。

Ken非常纠结，不知道该如何解决，是不是应该跟新买手继续接触，是不是应该主动降一点价格，配合对方的工作。他认为，他们产品的品质还不错，价格也合适，关键是竞争对手不多，而且双方已经稳定合作了四年，新买手刚上任就停止合作让人难以理解。

但我认为，合作四年，在老买手看来是优点，表示合作稳固，值得继续用；在新买手看来，用了四年的老供应商是非常不可控的，在很多事情上是铁板一块，很难撬动，不如推倒重来。

说实话，新买手是很忌讳用老供应商的。你去一个新公司做主管，会放心使用并信任过去的那些旧班底吗？还是迅速打造一个自己的核心团队，全方位配合自己的工作？所以新买手上任之初就否决了老供应商在开发中的所有新产品，就是一个信号，可惜Ken并没有足够警惕，觉得老产品还在稳定下单，就可以高枕无忧了。

错了，新买手刚上任，贸然换掉核心的老供应商，仓促转单，是容易出问题的，不一定有替代的供应商可以立刻接上，因为沟通和磨合都需要时间，也需要试错成本。一上任把所有核心供应商换掉，公司的风险立刻成倍增加，他对于上面也没法交代，所以前期必然会选择平稳过渡，等将来时机成熟，再逐步替换，逐步建立自己的核心班底、核心供应商。

二、不要太“直白”

那究竟该如何应对呢？其实并没有太好的办法，无非就是在新买手入职之初，第一时间建立信任，暂时维持合作。

说到这里，Ken貌似开窍了，想出了一个自以为不错的馊主意：能否跟客户谈佣金的事情？能否通过暗佣来维持合作？这绝对是一个大昏招。很不幸，很多供应商自以为是，总觉得用钱能搞定一切。

我们可以设想一下，假设你就是刚上任的新买手，老供应商马上就过来拜山头，甚至谈佣金，愿意贿赂你，你怎么想？你根本不知道，这个供应商跟老买手的交情如何，私底下有没有猫腻；你也不知道，你今天跟他谈的事情，会不会一转眼就传到老买手耳朵里，如果老买手把这个事情告诉老板，可能你的职业生涯就此便画上了终止符。

因此在这种情况下，老供应商居然暗地里过来谈佣金，新买手只要引导对方写邮件，或者通过电话录音，留有证据，再把这些证据交给公司，就可以名正言顺地把老供应商换掉。

当正道走不通的时候，动歪脑筋，走歪门邪道，那是绝对不靠谱的，只会搬起石头砸自己的脚。虽然我从不否认灰色地带的存在，但是新买手上任，第一位考虑的肯定不是利益，而是安全和稳定。要想明白这一点，请不要贸然挑战对方底线，否则只会成为办公室政治中的炮灰，那就得不偿失了。

三、新买手惯用的清洗策略

既然知道了新买手上任后，会逐步把老供应商替换掉，那具体会如何做呢？我们必须要弄清楚买手如何动手，如何一步步执行，才可以对症下药，有针对性地破局。

案例 3-5 买手的手段

大家都知道，新官上任三把火，新买手上任，会根据自己的需要清洗部分老供应商，同时借此立威，否则后面工作的开展，会变得无比困难。

现实中，总有一些人会蹬鼻子上脸，你对他客气，他反而觉得你好欺负，变得难以沟通，不够配合。所以筛选本身就是耗费时间的过程，经过前期的基本沟通后，新买手就会直接开启清洗和替换的过程。

但是新买手做事，也有他的局限，也是有边界的，不可能肆无忌惮，也不可能不管不顾，这会让供应链出问题。更何况，哪怕新买手的手段再高明，也不可能一上来就换掉所有老供应商，这会引起高层的警惕和反感，他也没法向上面交代。可以说一个供应商有问题，也可以说十个供应商有问题，买手在这个位置上，的确有权力做主，公司也的确会支持他。可若说所有供应商都有问题，要全部换掉，那不得不让人思考，是不是新买手本身才是有问题的人。

因此新买手只能缓步走，用一些谋略，逐渐淘汰一部分，然后留下一部分，在未来的合作过程中，再逐渐培养自己的核心供应商，建立自己的班底。

比如说，买手知道你的报价，或许会暗中把你的价格透露给你同行，然后你同行的报价“恰好”比你便宜 3%。

比如说，你的样品快递过去，“恰好”损坏了，但是别家的样品非常不错，所以一部分订单就分流到了别家。

有很多“恰好”、很多“正巧”，于是你的新项目根本没戏，原先下给你的核心订单也会越来越少，因为会分流一部分给新供应商。这是买手的职责所在，他要给公司寻找和物色备选供应商，分流订单，控制风险，不被一家供应商挟持，这在工作层面上是没有漏洞的，也是无可指责的。

再接下来，经过几轮合作以后，与新供应商的磨合完成，老供应商的订单就会越来越少，一直到基本没有为止。届时，新供应商就培养成了买手的核心供应商，而老供应商则退居二线，变成了“备胎”。

就是通过很多次这样的手法，逐渐完成换血，一个个老供应商都是被这样的手法逐步边缘化。

相信有朋友会问：“那为什么还要留着老供应商呢？彻底取消订单不是更好？完全可以转单给新供应商啊！”

那又错了，因为在任何时候，买手做决策都基于利益和安全的平衡。新供应商听话，知根知底，好培养，不会跟老买手有千丝万缕的联系，合作就会简单很多。可新供应商也难保不出问题，现在合作得很好，半年后会不会出现变化？会不会碰到其他麻烦？

因为一切都是未知的，所以新买手在通过手段边缘化老供应商时，也需要维持这一条线，不彻底断开。这样，哪怕新供应商出问题了，老供应商还可以随时启用，“备胎”立刻转正。

而大部分老供应商，在这个阶段还懵懵懂懂，天真地认为，是自己的诚意感动了新买手，订单现在又回来了，真是上苍保佑。

四、单纯降价无用论

到了这个阶段，有朋友说，新买手一上来就砍价，为了维持订单和合作，他们老板决定主动降价5%，新买手依然不满意，还在继续砍价，但是订单依然没有变多。

其实这就是我在第二章里讲到的，单纯降价是没用的，降价越多，问题越大，可能给别人带来前买手拿暗佣或是无能、不专业的印象。不管是哪个原因，反而容易给新买手充分的清洗借口，把老供应商踢出局。

哪怕用的理由是汇率，因为人民币兑美元贬值了，所以给客户降价，但我觉得依然不够充分。汇率调整，从而调整价格，这是合理的，没有问题，但降价的幅度是否合理，背后的逻辑是否充分？比如过去跟老买手合作的时候，汇率是多少？那时候的价格是多少？如今汇率调整了几个点？降价的幅度是否跟汇率调整保持同步？还是汇率动了不到3%，但是供应商可以突然降价10%甚至更多？那就没有说服力了。

这也是我一直以来强调的，不管降价也好，涨价也好，都要有理有据。如果客户一砍价，供应商就立马降价，那不就等于告诉对方，过去的价格不靠谱，充满水分吗？无理由降价，这是许多业务员最容易犯的一个大错。

我们可以在新项目谈判的时候讨价还价，这是很正常的。但是对于合作多年的老客户，那就绝对不可以这样做，今天随意涨价，明天随意降价，只会让客户无所适从，然后彻底失去信任。

所以我们要转变的，其实是思维，是逻辑。客户不下单，一定有对方的原因，要找到原因，才能想办法，找出路。降价不是万能武器，不是一降价，订单就会滚滚而来的。

若是你每一次都用降价作为武器，那降无可降的时候，你又该怎么办呢？

五、逆势而为

分析了那么多，我们还是要面对这个问题，新买手上任，老供应商如何摆脱边缘化危机？如何尽可能不被清洗？降价不行，不降也不行，那究竟该怎么办？

这类问题我也面对过无数次，有成功扭转的经历，也有尽了全力但依然失去订单的经历。可以说，成功的次数不少，失败的次数同样不少。应对不同客户，自然要根据情况随机应变，有针对性地跟新买手打交道，找突破口。

这里，我还想用一个案例来讲讲自己的破局思路。

案例 3-6　反其道而行之——涨价

既然降价不行，不降也不行，我的做法就是反其道而行之，索性涨价。

新买手上任，或许会有新订单过来，又或许暂时没有，所以我做的第一件事情，就是 update offer sheet（更新报价单）。告诉客户："不好意思啊！我们好久没有调整价格了，但是现在成本上涨，真的很难维持原价，所以希望可以接受我们的价格调整。”

当然，这样做也是为了跟老买手撇清甚至切割利益关系，暗示利润本来就不高，没有任何桌底交易。

那新买手会怎么做？他肯定是很忌讳涨价的，因为他会很难做，也很难向公司交代。他刚上任，刚想大展拳脚，向他老板证明他具有成本控制和供应商管理能力的时候，老供应商先冷不丁给了他一闷棍，他心里必然是窝火的。

但是这时候，他反而不会贸然换掉我，因为谁都明白，随意转单的风险是很大的，特别是放弃公司的老供应商，风险级数就更高了。我笃定，新买手的应对方法，必然是发一封措辞强硬的邮件过来，要求维持原价，否则将不再合作，也不会有订单。

这个时候，我就立刻回复一封正式邮件，表示我们会立刻重新核算价格，两天内一定给他一个完整的答复。当然，语气和措辞肯定要足够客气，要态度诚恳，表示抱歉，请对方谅解。这些事情是必须要做的，以免对方真的咽不下这一口气，强行转单，那就弄巧成拙了。

等到几天以后，我暂时先不发邮件，而是打一个电话给新买手，谈谈价格问题。为什么不直接回复邮件，而是要通过电话呢？那是因为邮件本身是通过文字表达意思，字眼是冰冷的，容易产生误会。可电话就不一样，可以说说笑笑，可以插科打诨，反而容易让气氛没那么紧张。

在电话里，我会给足他面子。不管他说什么，我都会沉着应对、笑脸相迎，让他找不到发火的借口。我会在电话里保证："请放心，我一定全力配合你的工作，全力支持你，哪怕我们有再多困难，也会尽力克服。至于涨价，我会把详细的价格构成表发给你参考。"

再接下来，自然是认真做一个价格构成表给买手看，要做得很专业、很细腻，其实说白了就是为涨价找借口的一种策略。但是态度要诚恳，表示我们愿意更密切地沟通和配合，也希望他可以支持一下我们。至于价格，可以适当降一点，比第一次涨价的价格略低，但是高于原先的成交价。

这就是一个主动示好的姿态，故意给对方一个台阶。但是大家都明白，这个台阶只能维持谈判暂时不破裂，但新买手注定是没法接受涨价的，他依然不会满意，会继续要求降价。

然后，我跟"领导"请示后，最终"勉为其难"地发邮件告知买手，我们可以给出更优惠的付款方式，比如过去30%的定金可以减少到20%，但是价格真的不能再降了。这时候，我再打一个电话跟他沟通，表示自己真的很为难，请他一定帮帮忙，哪怕就让我们涨价一点点，给我们留一点利润。

而我也知道，买手得到了付款方式的让步后，心里肯定是满意的，但是这依然达不到他的预期，至少价格不能涨，否则他老板有想法怎么办？老板会认为他拿暗佣，或者认为他比老买手更无能。这是肯定不行的，所以他一定会在价格上继续咬住不放。

因此在电话沟通之初，我就是打定主意维持原价的，只是该摆的姿态还是要摆。最终我会免勉其难地口头同意价格不变，但是报价有效期不可以延长。因为延长有效期我们的风险太高，所以只能维持半年内价格稳定。

通完电话后，我会再跟进一封正式邮件，做一个 phone conversation recap（电话会议总结），把电话里确认好的事情一条一条写出来。我相信到了这一步，新买手一定会松口气，总算把这个难搞的供应商拿下来了，不仅价格维持不变，付款方式上还争取到了优惠，可以向上司邀功了。

当然了，新买手肯定有不少备选供应商，也有不少老供应商、老朋友，如今和我维持合作只是权宜之计，未来还是会随时换掉我，这我当然明白。我这一整套的手法，仅仅只是多争取到了跟新买手的互动而已，经过这么多个回合的沟通，大家也算是熟悉起来了。这也是为后续的进一步联系做了铺垫。

六、情感维系

那我们后续又该如何做呢？答案是显而易见的，既然工作方面已经完成了互动，也通过一连串组合拳暂时维持了合作，接下来肯定就是增加互信、维系私人交情。

说得直接点，这时候就应该找机会跟新买手私底下见面，准备一些小礼物，设法详聊、探底。这也是展示自己诚意的一种方式，就是放低姿态，尊重别人，主动拜访。

因为通过通邮件也好，电话也好，毕竟双方是隔着很远的距离在沟通，没有面对面的交流和肢体、眼神的互动，容易产生误会不说，还非常耽误时间。再说了，有许多事情在邮件里也不方便谈起，需要当面沟通。

约见的借口其实很好找。比如我最近有去美国的计划，见一个朋友，不知道您这边有没有时间？我特别希望能过去拜访，顺便向您请教几个问题；比如听说洛杉矶最近开了一家餐厅，我特别渴望能有机会跟您见面，一起用餐；比如我最近有计划去美国旅行一段时间，不知道您什么时候有空，我希望能够有机会拜访……

对方或许拒绝一次，或许拒绝两次，但是大概很难连续拒绝一个已经在合作的供应商。一旦见了面，那就好好聊一下，从产品到工作、孩子、旅行、家庭等，什么话题都行，至少营造一个轻松的氛围，通过言谈细节了解他的性格和关注的点，然后有针对性地沟通。

当然，事先还需要通过 Facebook 等社交软件做好功课，了解新买手的兴趣和背景资料，找好话题。这些幕后工作，也是十分重要的。

很多事情不需要过于直接，只要彼此见面了，那就是一个很好的开始，慢慢聊就是了。没必要问太多，只需要点到为止，逐步试探。比如说，问问买手："有没有什么新项目，可以给我们一点机会？老项目毕竟还算稳定，我们也希望得到更多的合作机会，非常乐意为您服务。"

既然大家都见面了，聊得还算开心，这时候买手是不太会当面拒绝的，起码会摆出几个项目，让我报报价。哪怕他根本不想把新产品给我做，但是表面功夫还是会做的。

然后，我就当场打电话回国，联系供应商核算价格，再告诉买手："我们

这个产品的底价是 ××。您看，我们维持 10% 的利润会不会太高？您觉得，我们如何报价合适？我这两天就可以出一个正式的报价单，发到您的企业邮箱。”

话当然要说得漂亮，很多东西，大家都是心知肚明的，点到为止就可以，没必要完全点透。

七、交流的技巧

到了这里，其实还没有结束，还是不够的。除此之外还要做一件事情，就是我们前面提到的，准备好小礼物。毕竟初次见面，礼物的挑选其实并不容易，这个度还是要把握好的。若是太随意了，会让人觉得你不够用心；若是太贵重了，则让人觉得有行贿嫌疑。

或许一包不错的小众咖啡豆，一条有中国文化底蕴的丝巾，就可以带出一些背后的故事，这就可以了。不管他是自己用，还是送给太太、女朋友、女儿或其他朋友，起码通过这个小礼物，能先建立起一点点私人交情，平时可以说得上话，不至于动不动邮件不回、电话不接，这就够了。

有句老话说：吃人家的嘴软，拿人家的手短。既然对方有那么一点点不好意思，自然在订单和项目上，总会适当地给我一点点机会，来还我这个人情。而我呢，工作上是绝对不含糊的，高效、专业、服务意识一流，让他在跟我沟通的过程中，总是觉得舒服和省心，这就够了。

他慢慢就会觉得：毅冰这家伙也不错，人挺好，订单也做得四平八稳，减少了我很多工作和麻烦，很多项目交给他做，挺省心。一旦有了这样的潜意识，他就会习惯于这个状态，就会懒得去动脑筋和耍手段把我换掉，也不会立刻中断联系。

反正他换掉了大量老供应商，这是必然的，但也不可能把所有供应商都换掉，那对公司也没法交代，有的事情做得过于明显，就踩了红线了。

所以我做的一系列工作，每个回合的交锋，最终目的就只有一个，就是做他勉强留着的幸存者中的一个。

所有的布局，都是为了这个目的而服务，逃过清洗，在供应链中占有一席之地。

第四节 让电话跟进效果提升 200% 的办法

相信很多朋友都明白，电话结合邮件，在客户开发和跟进过程中，效果会比单纯的邮件联系要好很多。至于原因，其实有很多。比如在碰到紧急问题时，可以在最短时间内联系到客户；比如邮件迟迟没有得到回复，可以通过电话跟进了解进展；比如碰到文字难以描述清楚的问题，可以通过电话语言沟通；比如有些事情用文字描述比较平淡，但是在电话里可以插科打诨，聊得很开心……

简单总结，其实电话跟进具有三个特性：时效性、亲和性、简洁性，如图 3–6 所示。

这也是大多数情况下，通过邮件或者社交软件沟通所不具备的优势。电话跟进可以作为平时主要跟进方式外的补充。

但是要知道，电话不是乱打的，不是随便寒暄几句，再聊聊具体的内容和话题，没那么简单。因为大家都很忙，都不希望被一次次打扰，浪费工作时间，聊些毫无价值的问题。

图 3-6　电话跟进的三大优势（毅冰制图）

有些供应商特别喜欢跟客户打电话，没什么特别重要或者紧急的事情，但就喜欢打电话，觉得方便直接。你是方便了，客户呢？工作一次次被打断，一次次被打扰，有时候不得不耐着性子听你带着口音的英文，还要连蒙带猜，去揣测你究竟要表达什么意思。

我想说的是，不管你的英文水平如何，口语能力如何，并不代表你就能把问题说到点子上，没有任何废话，不遗漏事情。

一、标准作业流程

电话跟进客户，应该按照标准作业流程来操作，标准化准备，标准化执行，减少失误的概率，不要让客户觉得你在浪费他的时间。

案例 3–7 电话跟进的标准作业流程

打电话给客户，首先要明确三个问题。

打这个电话的目的是什么？

计划跟对方沟通哪几件事？

最后的引导准备如何去做？

这三个问题的答案，自己好好思考一下，提炼出主题和要素，然后简单写在纸上，或许是下面这样的。

Aim（目的）：了解项目进展，探求下单的可能性。

Communication（沟通）：样品的情况，包装的问题，价格的问题。

Guidance（引导）：通过邮件来完成电话衔接。

除此之外，业务员如果逻辑思维不够清晰、口语交流尚不熟练，还需要把一些要点简单写下来，打好草稿，这样拿起电话沟通的时候，不至于节奏混乱，也不会临时忘词。这就好像事先准备一个提词器，让自己知道还有什么没讲，已经讲了多少要点。这个草稿，或许就是几个已经写好的句子。

Hi Chris！ This is Peter calling from ABC Trading in China.（你好克里斯，我是 ABC 贸易公司的彼得，从中国打来的。）

Could you share with me the evaluation result for our previous sample?（请问您能否分享一下我们先前样品的检验情况？）

We could go ahead the packaging for color box or double blister.

Would you like me to quote you both for comparison?（包装的话，我们可以做成彩盒或者双泡壳。您是否需要我都报一下价格给你比较？）

I will send you an email in detail with our conversation recap.（关于我们这次会谈的内容，我会发一封详细的邮件给您。）

尽可能把句子写完整，而不是写几个简单的词，因为临时组织句子，语法和时态都容易错误百出。

一环扣一环，每次打电话都按照这个标准来执行，错误的概率会大大降低，也会逐渐提升自己的信心，不会再有所畏惧。因为大部分的问题和内容，都是有预案的，考虑到各种问题后，在草稿部分就已经完善好细节了。

这就是电话跟进的标准作业流程，看起来是三个步骤，其实是五个，案例中仅仅只有二、三、四步，缺少了第一步和最后一步。

第一步是“预约通话时间”，对于海外客户，因为时差问题，也出于不打扰对方工作的考虑，一般都要事先预约通话时间；最后一步是“执行”，也就是拿起电话。

我相信大多数朋友对于最后一步，都没有什么问题，但是对第一步还是有疑虑的。说是要预约，如何预约？客户如果能回复我邮件，能回复我短信，我还需要打电话吗？不就是因为客户不理我，我才打电话的啊！

二、巧妙“预约”

别急，我们还可以看一个案例，看看如何巧妙“预约”，既维持了自己的格调，也不至于过度死板。

案例 3-8 “无赖预约”通话时间

Dear Richard,

Still no comments from your side. I think you are really busy after the tough business trip to Canton Fair.

So I attach the offer sheet again. Please help to review it at your convenience. And I plan to call you next Monday around 3:00 pm at your time.

Please advise me if not workable then.

Kind regards,

Yibing

（案例引用自毅冰米课，http://www.imiker.com）

这就是发出一个技巧性的“预约”，先把要说的内容摆到台面上，明确告诉客户，我计划下周一下午三点钟打电话给你，如果不方便的话，请告知。换言之，如果客户继续不回复，那就默认他同意这个时间可以打电话给他，届时可以直接打电话过去。

如果客户不想被打扰，或许就会回复你邮件，解释一下为什么一直未回复，是项目搁置，还是暂时在忙别的事情。这样一来，其实不打电话也达到了目的，得到了宝贵的信息，知道了接下来应该如何跟进，客户如今的情况怎么样。

如果再归纳一下，把电话跟进客户的步骤做一个总结，其实如图 3-7 所示。

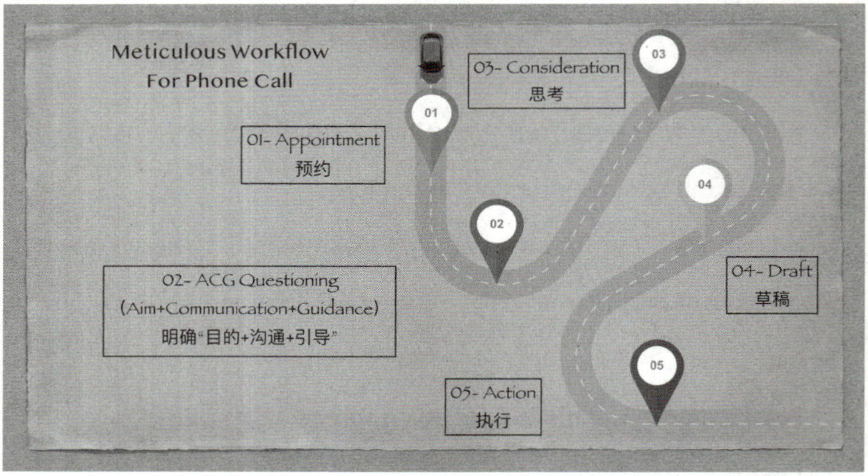

图 3-7　电话跟进的五个步骤（毅冰制图）

三、PERFECT 思路

是不是做到这样就够了？虽然比大多数业务员要好很多，但离我们要求的专业化水平，还是差了一点点。

我认为，还需要把 PERFECT 思路渗透进去。这里的 PERFECT，其实是一语双关，一方面是字面含义，表示完美的；另一方面，这是七个英文单词的首字母缩写，具体如下。

Professional：专业的（字里行间、话里话外，要时刻让对方感觉到自己的专业，这是基本的素养）。

Essential：必要的（不要废话连篇、长篇大论，大家的时间都宝贵，时刻注意言简意赅，无关紧要的事情就别提了）。

Regular：定期的（不是只有遇到紧急情况才可以给客户打电话，平时也需要定期联系，沟通一下彼此的情况，看看有什么地方是可以给客户服务的）。

Fair：对等的（语气上要温和、尊敬、礼貌，这是没错的，但不要妄自菲薄，不要阿谀奉承，也不要盛气凌人，不要颐指气使，双方应该是对等的）。

Efficient：高效率的（电话后的跟进和处理，要保持高效率）。

Correct：准确的（用词要准确，要能够明确表达自己想要表达的观点，不要让客户产生误会）。

Timely：及时的（一旦通过邮件或者其他聊天工具沟通发生障碍，或者已经产生误会的时候，要及时通过电话进行语言交流，消弭和化解潜在危机）。

从第一步到第五步，严格按照流程图来走，结合 PERFECT 思路，在整个电话跟进过程中，把幕后工作做好，把准备工作做细致。大家不妨尝试一下，这种流程化的标准作业的效果，是否比过去脑门一拍、随意打电话的效果，提升 200% 还不止？

不要怕麻烦，相信我，你也可以做到。

第五节　梯度报价与参照物设置

一、为什么要进行基础梯度报价

为什么我要在梯度报价前加上“基础”？

那是因为在实际操作中，我们还会发现一个问题，就是当我们不确定客户预期数量的时候，梯度报价就变得很困难。

按照 1 000 件的数量给客户报价，如果这个客户是当地的大零售商，拥有数百家门店，订单数量可以达到数百万件，那我们的报价肯定就偏高了，或许初次报价后就已经出局；可按照大订单的预期给客户报一个超低的价格，如果客户只想买一两千个，甚至更少，那或许就要亏损，后期要涨价也是千难万难。

当然，相信很多朋友看到这里会反驳：“我们会在收到询盘的时候，做背景调查，会了解客户的实际情况，结合海关数据和各种相关的资料，综合判断客户的实力和预期订单，然后再报价。”

听起来很有道理，但在实际操作中还是有很大问题的。一个大客户，不代表不会下小单；一个小客户，或许也会有大的采购需求。所以这些都不是绝对的，是没法通过背景调查来做一个预期判断的。说难听点，你的调查越详细，资料越充分，戴有色眼镜看人的概率就越高。

在不知道客户情况和订单预期的时候，我们可以一开始就巧妙设置好区间和规则，通过技巧性的梯度报价，让对方知晓价格的差异，甚至有一定的思维引导和偏向性，往往就会让谈判变得更加灵活。

二、大跨度价差也合理

举个例子，一个贸易公司可能做的是促销品，给客户报一个 zinc alloy keychain（锌合金钥匙扣）的价格。这个钥匙扣的成本和货值很低，如果订单数量很少，比如 1 000 个，或许单价要 0.85 美元；一旦客户的订单数量是 10 000 个，单价就可以报 0.65 美元；如果客户有大单，数量是 100 000 个，单价甚至可以变成 0.45 美元。

或许有朋友觉得，这个价格跨度有点大，从 0.85 美元可以降到 0.45 美元，水分实在太大了。但是在实际操作中，懂行的业务员会认同，这个价差真的就是合理的。因为在订单的具体操作过程中，产品本身的原材料成本，往往只是成本中的一部分，除此之外，还有人工成本、管理成本、运营成本、设备损耗，还有其他杂七杂八的费用。一旦订单数量大，工厂安排流水线作业，全力调动产能，各方面的成本都可以节约不少，边际效益高。

可如果订单很小，工厂要准备材料，要安排生产，要调试颜色，要准备样品，要优化流程，要联络外协厂，要协调各个环节的配合，沟通成本并不低。结果刚上线一小时，这批活就已经完工了。然后车间主任又要重新组织新的产品生产，给工人们安排别的工作，重新换生产线，重新磨合，重新调试设备等，这种无形的管理成本其实很惊人。表面上看，操作一个小订单，工厂的毛利可以超过 50%，非常有诱惑力，但是最终算算净利润，或许直线下滑到 5%，甚至是亏损，这绝对不是危言耸听。

正因为如此，很多供应商不太愿意做一些非常小的订单。不是说不想服务好客户，而是真的不好操作，报价也很难报。报低了，那就要亏损，做也不是，不做也不是；报高了，那也不行，一个不小心就把客户给得罪了，觉得我们不靠谱、不实在。

三、梯度报价可能会暴露价格底线

梯度报价表面上合理，可以结合客户的数量设置不同的价格区间，不会给己方造成很大的损失，也不会让客户觉得价格不靠谱，可是这里面也有一个很大的问题：客户容易通过梯度报价，知道供应商的价格底线。

还是上面这个例子，如果客户询价时，没有告知数量，业务员在简单沟通后也无法得到准确信息的情况下，可能就会采取梯度报价，这是合理的，也是必需的。

可是问题在于，针对 1 000 个、1 万个、10 万个的不同数量，报价分别是 0.85 美元、0.65 美元和 0.45 美元，对方看一眼就知道，你的大货的价格，最低是可以做到 0.45 美元的。那假设客户的采购预期可能是 20 000 个，他如果要求你按照 0.45 美元来做，你怎么办？

或许你一开始会拒绝，双方会讨价还价，会开始价格拉锯战，可能最后你为了拿下订单，会答应以 0.5 美元左右的价格成交，成交价低于你预期的 0.65 美元。因为对方一开始就知道了你的底线，价格谈判变得无比艰难。

或许有朋友看到这里会说，那我做梯度报价的时候，可以把最低价格拉高。比如 10 万个的价格，我报 0.55 美元，那客户就会觉得，价格差距不大，谈判就会容易些。如果这样想的话，那你又错了。

因为还有一种可能性，就是一旦你真的碰到大客户的时候，他或许要采购 15 万个，结果一看你价格这么高，你同行才报 0.46 美元，就会想：看来这个供应商的价格不靠谱，还是找别家吧！这样一来，同样会失去宝贵的机会。

四、引导式报价

因此我需要强调一点，就是梯度报价也不是那么简单的，不是随便按照不同数量来报不同的价格，而需要设置合理的参照物，从而引导客户的思维，为接下来的进一步谈判做准备。

这么说可能有点玄，还是要通过案例来深入剖析。

案例 3-9 我国香港地区的游客电话卡

比如我国香港地区有多家电信运营商，竞争无比激烈。因此电信运营商根据用户的需求，推出了很多种针对游客的电话卡，有不同的套餐供选择。

过去我经常用的一种卡，资费非常便宜。我最喜欢的一点，是这种卡有三个跟流量有关的套餐包供用户选择。

选择一：12.9 港元包一天 15M 流量。

选择二：15.9 港元包一天 50M 流量。

选择三：19.9 港元包一天无限流量。

那试问如果你是消费者，你会如何选择？

一般情况下，我相信大部分朋友都会选择第三种，19.9 港元一天无限流量套餐。很显然，可以刷微博，可以玩微信，可以聊 QQ，可以看视频，可以听音乐，可以学习在线课程，可以在线处理邮件等，不用担心一不小心流量超标了。

当然，也有些朋友会想，我用流量主要是处理工作事务，收发一下邮件，偶尔用聊天工具跟客户和供应商沟通，没有太多时间做别的事情，也不玩游戏，不看视频，不会用太多流量，50M 应该够了，或许就会考虑买 15.9 港元的套餐。

但是这也是有风险的，万一大客户的邮件里有好几个附件，都是跟订单有关的设计稿，你难道不点开来看？要是点开，都是高清图，或许流量就会超过 50M，是不是风险很大？所以为了省 4 港元，只是一个包子的价格，就从无限流量一直降到 50M，总是觉得有点划不来。

那第一个选择，12.9 港元的套餐呢？比第二档又只便宜了 3 港元，但是流量从 50M 再下降到只有 15M，太少了，几乎什么事都做不了，看几篇新闻或许都会超流量，真的没什么人会考虑。最后事实也证明了，90% 以上的用户都是直接购买第三种套餐，很少一部分用户选择了第二种，几乎没有人选择第一种。

原因是什么？其实就是价格梯度设置得无比巧妙，有很强的引导性。我当时研究过后，就不由得赞叹这个方案设计者的高明之处。

如果把三档的价格改为 5.9/12.9/29.9 港元，结果会怎么样？可能就会变成选择三档的消费者人数差不多，因为通过价格的差距，拉开了消费者的差距，根据不同偏好来精准定位，区分了市场。而电信公司，恰恰在这种情况下，是绝对不愿意做市场细分的，他们都希望用户购买最贵的那一档。要引导用户进行更高的消费，就一定会巧妙设置梯度价格，尽可能让用户选择无限流量套餐。

五、参照物设置

可见在梯度报价中，参照物设置是一个很有意思的课题。参照物设置得好，往往会给销售带来无限的助力。参照物其实就是梯度报价的一个锚点，设置得够巧妙，可以引导客户往你想要他去的地方靠拢。

那我们再回归最初的案例，还是那个钥匙扣，原先的报价分为 0.85/0.65/0.45 美元三档，我们该怎么调整呢？

案例 3–10　钥匙扣项目的梯度报价

我当初就考虑，0.85/0.65/0.45 三档价格的问题在于，档位间差距太大，容易让客户感到有很大的让步空间。如果我们把档位差距缩小，再添加一个不怎么可能做到的虚置档位，来引导客户往我们希望的档位靠拢，会不会有意想不到的效果?

因为我根据经验判断，大部分客户订单的数量其实在 3 000 个到 50 000 个之间。少于 3 000 个的，也有，但是不多；特别大数量的也有，但是同样不多。那我就尝试着继续细分区间，变成了下面这个样子：

US$1.20 (MOQ 1 000pcs)

US$0.85 (1 200pcs)

US$0.65 (10 000pcs)

US$0.55 (50 000pcs)

US$0.45 (100 000pcs)

US$0.42 (500 000pcs and more)

这个档位设置，大家可以琢磨一下。

事实证明，几乎没有客户会按照 1 000 个下单，因为我故意将 1 000 设置为最小起订量，但是跟 1 200 的价格差别巨大，这就引导了一些本来就打算下试单买 1 000 个的客户主动选择 1 200 个，毕竟多 200 个而已，可以接受，但是价格低了。买 1 000 个，要 1 200 美元；买 1 200 个，只要 1 020 美元，所以正常的小单客户都会选择往 1 200 这个档位来靠拢。

而且 1 200 这个数字，也是我故意设计的。因为它既是 10 的倍数，又是 12 的倍数。根据欧美客户的习惯，不管你按照十进制计算，还是以 dozen（打）为单位计算，都正好是整数。不管是 10 个一盒，还是 12 个一盒，都可以整除。

最后，50 万个以上的订单，一般很少有这类超级大的客户。而我故意设置一个 0.42 美元的价格，是让很多本来订单量在 5 万到 10 万个之间的客户本能地觉得，已经没有了余地，哪怕订单数量再大，也只是从 0.45 美元降到 0.42 美元而已。所以他们还价的时候，就会有点顾忌。如果他总共才订两万个，他可能会要求往 0.55 美元的价位靠拢，然后就有了谈判的空间。

其实这个报价策略，就是通过巧妙的参照物设置来引导客户思维。

大家可以好好思考一下，对照自己的产品来推敲和研究梯度报价策略及参照物设置。这个课题非常有意思，梯度报价可以应用得非常灵活，完全是一场头脑风暴。

第六节　如何应对客户因人民币贬值的降价要求

我相信这个问题，是大多数业务员特别头疼的，特别是在一个订单已经出货的时候，客户突然说："现在人民币兑美元贬值了差不多2%，所以在付美元余款的时候，我要求打折，扣除这2%，这对我才公平。"

这个问题很棘手，让很多外贸朋友无所适从。接受，那就会损失这笔钱，公司那边不好交代，或许也会影响提成；拒绝，那可能会得罪客户，影响以后的生意跟合作。

更有甚者，有些客户来自非美元地区，比如加拿大、澳大利亚、新西兰、日本、泰国，还会拿出证据给你看，振振有词地说："我们都是用本国货币换美元的，现在美元强势，我们要花更多钱去购买美元再付款给你。但是你通过人民币贬值多赚了钱，让我们承担损失不公平！我们无法接受！必须打折！"你怎么办？

很多业务员在这种情况下，就不知道怎么谈判了，不知道如何做方案了。毕竟从表面上来说，客户说的的确是有道理的。不给予汇率差价的让利，估计客户不会罢休，以后也有可能会转单，这样对自己更不利。可如果这次让步了，降价了，以后要涨价，就难了。

我相信大家都明白“降价容易涨价难”这个道理。给客户降价 5% 很容易，但是要涨 1%，任你说破嘴皮，都很难达到目的。一旦降价，以后要涨价，客户会找各种理由来推托，或者拖延到下一个订单甚至下下个订单，以拖待变。而业务员夹在老板和客户中间，十分痛苦，操作和谈判的余地很小，就成了夹心饼干，很为难。

那么问题来了。

- 如何避免这种因为汇率波动造成的客户“闹市”现象？
- 能否通过谈判化解或者解决这类问题？
- 能否预先通过巧妙的设置，来防备这种“无解的难题”？

我觉得答案是可以的。参照我一直以来给客户的报价备注，或许在某种程度上可以解决这个问题。

我一直以来的做法都是，在报价的时候，做一个关于汇率的备注：当人民币兑美元的波动在 3% 以内的时候，价格维持不变；但是当人民币兑美元的汇率波动超过 3% 的时候，就需要调整价格，但是这个调整的部分，一人承担一半。

也就是说，假设订单操作的时候，人民币突然大跌，在收余款之时，跌幅已经超过 5%，那按照最初的约定，就是 3% 以内不变，而 3% 以外的 2%，就需要一人承担一半。就是客户可以在支付余款的时候，扣除 1%，我也会出具正式的邮件，同意客户在付款的时候扣除 1%。从数字上计算，人民币的贬值使我可以额外赚 5%，但是波动在 3% 以内时维持价格不变是事先谈好的，另外的2%，我让一半给客户，他也获得了1%的收益。

反过来，如果人民币兑美元大幅度升值，在3%以内的部分，客户只需要按照报价单的价格付款就可以，这部分的汇率损失，我方会承担。可如果升值超过3%，超过的部分，同样一人一半，也就是客户需要帮我分摊3%以外的部分。

用这个方式，在报价之初就谈好预期汇率的问题，相对而言，大多数客户都是可以接受的。这总比一开始什么都不谈，但是等到收款了，因为汇率动荡，突然要求客户涨价，让对方措手不及好得多。

谈判的精髓，其实是“公平”，是“相互”，是“各取所需”，是“利益共享”，是“风险共担”。如果因为汇率损失，要求对方承担一部分，那一旦因为汇率得利，同样也要分享一部分给对方，这才是公平的，才可以事先谈判，把问题落在纸面上，减少双方的风险。

可能很多朋友觉得，做个订单还这么麻烦，要列这么多条款。可赚钱本身就不是容易的事情，外贸行业信息不对称的黄金时代已经过去了，躺着赚钱的日子也早已过去，未来一定是精益求精的人才能赚钱。

专业和服务成就未来。

依然是进化论的核心观点：适者生存，不适者被淘汰。

第七节 外贸谈判中的多重角色虚拟

我曾经专门和学员探讨过一个多重角色虚拟的问题，也有朋友通过这个手法，一年内拿下了七个新客户，屡试不爽。那这里，我就详细把这套思路做一下文字上的梳理，简单地做案例扩充，让大家进一步思考。

一、毅冰答学员问

学员问：毅冰老师，您是不是经常用几个邮箱或者身份来应对客户，一下子假装是员工，一下子又假装是老板？

有时候觉得，以老板的身份不方便跟进客户，尤其是应对哪些耍赖的老客户，一不小心就要撕破脸皮。如果一开始跟进时冒充小业务员，当谈判陷入僵局，再以老板的角色切入，是这样吗？

毅冰答：当然，业务经理、跟单员、单证员、老板、工程师、采购主管、财务经理等身份，都是可以由一个人假扮的，使用多个邮箱就能操作多个身份。

比如要确认一些细节，我作为业务主管，就不适合关心这种琐碎的事情，就会让“跟单员”处理，然后抄送邮件给我。等到有些细节需要确认和拍板的时候，我作为主管，就可以回复跟单员一封“Approved”（同意）的邮件，抄送给客户。结果别人一看就明白，这个人才是业务老大，才是做主的人。

同理，如果涉及技术问题，那公司的“工程师”适时出现，跟客户通过邮件讨论，然后抄送给“业务主管”，客户自然而然会觉得这个公司很专业。专业问题都有专业人士处理，所有的邮件都会抄送相关人士，使相关人士都知道项目进展。还是一样的手法，很多要确认的技术问题，“工程师”也会发邮件请“业务主管”确认，然后“业务主管”也可以回复一封“Approved”邮件，抄送客户，对方就会觉得，这个人真的是高管，是做主的人。

就是通过这样的思路，虚拟多重角色，给客户营造出一种潜移默化的感觉，就是大多数实际问题，手下同事都会处理，但是遇到决策上的问题，就需要“业务主管”做主，来确定是否可行。

这样一来，很多谈判最终都可以在“业务主管”这里得到结果。这就是我营造多重身份的一个目的。当然，有些问题我可能一时间无法确认，或者拖延策略更好使的话，我就会再虚拟一个 big boss（大老板）出来。也就是故意跟客户说：“这个问题，我需要跟我们大老板确认一下，再给您回复。”同样做戏做全套，邮件会故意写给这个“大老板”，然后抄送客户，一切都显得无比真实。

过几天，“大老板”回复邮件，以老板的口吻说一句“I agree”（我同意）或者简单的“Approved”（同意），进行最终的定调，往往就缩短了来回的拉锯时间，也让客户在心理上觉得供应商专业和靠谱。

（以上内容引用自毅冰米课答疑平台）

二、以客户视角分析他渴望的谈判级别

其实多重角色的虚拟，在工作中很有必要。我们可以设想一下，如果你是客户，你如何压低供应商的价格？如果业务员告诉你，这个价格就是 best price（最好的价格），你能接受吗？你信吗？

如果业务员跟你进行几轮讨价还价后，给出了他能做的最低价，但是他告诉你，他可以帮你向他老板申请一下，看看能否给予更优惠的价格，你会不会接受呢？当然会，因为买手心里面就会明白，业务员有业务员的权限，老板有老板的权限。

如果“老板”回复了邮件，给了你一个 last price（最终价格），又降了 1%，或许你心里就已经觉得，估计这个价格差不多了，应该是他们可以接受的最低价。也许考虑再三后，你会选择接受，或者在某个细节上，跟“老板”再进一步谈谈，如果“老板”在价格以外的地方稍作让步，比如定金、付款方式或订单起订量，给你一点甜头，可能订单就很快敲定下来了。

其实大家做的，无非就是一种心态上的博弈。同样 20 美元的产品，业务员直接降价到 14 美元，可能客户会觉得水分很大，根本没法接受，还会继续砍价，会比较多家；但是业务员降价到 17 美元，然后“主管”出面降到 15 美元，最后“老板”勉为其难降到 14 美元，或许客户的心态就有微妙的变化，就相对容易接受。这就是心态的问题，价格还是那个价格，但是给客户的感觉就变得跟粗暴降价不一样了。

又比如谈某个索赔的项目，可能业务员的权限很小，如果一次亮出底牌，估计很难说服客户。那就只能顺水推舟，把球先踢给“主管”，让“主管”出面直接跟客户谈，客户就容易产生一种被尊重的感觉，觉得你们还是很重视

这个事情的，所以没让小职员对接，直接就是中层以上的人来谈判。这样一来，客户的对抗心理就不至于那么强烈，就愿意提出诉求，跟对方沟通。

如果在“主管”让步后，客户依然无法同意的情况下，“主管”再请“大老板”亲自介入，而“大老板”给出了几套处理方案，然后亲自道歉并表达诚意，客户或许就会本着解决问题的态度，在给对方“老板”一个面子的心态下，依照某一种方案继续谈判。这样就可以解决问题，找到双方都可以妥协的某个平衡点。

三、如何执行多重角色谈判

上面从思维角度完成分析，下面我们就看看具体是如何执行的。

当业务员碰到客户索赔的难题，把邮件转发给“主管”的时候，“主管”就开始介入，写邮件跟客户谈判。先谈谈容易拉近距离的话题，比如未来的合作、过去的项目，然后表示愿意承担责任，希望跟客户一起处理问题，大打感情牌。这样做一方面容易降低对方的抗拒心理，另一方面将谈判节奏拉长，从而提高成功率。

最后适当地抛一个试探性问题出来，比如我们愿意就出现的次品重新补货，然后在下一个订单里，给予 1 500 美元的折扣，或许就会攻破客户的心理防线。哪怕客户并不同意，但是不要紧，起码还有谈判的空间。这个时候，“主管”的任务完成，就可以让“老板”出马。

具体的套路，就是“主管”写一封官方邮件给“老板”，解释说明原因和情况，分析事情的来龙去脉，希望给予客户一定的补偿。这封邮件还要抄送给“业务员”和客户。

而“老板”就可以在这封邮件的后面直接回复客户，然后抄送“主管”和“业务员”，一方面以老板的身份道歉，表示愿意正视这个问题；另一方面，给出几套解决方案让客户选择。

方案一：对于有问题的产品给予全部退货，公司全方位补货。中间产生的费用，由公司全部承担。

方案二：有问题的产品做打折处理，整个订单给予 5% 的折扣，下个订单也给予 5% 的折扣。

方案三：以现金的方式赔偿客户部分损失，比如赔偿 1 000 美元，然后再补偿一部分的货，在下个订单中抵扣。

方案四：直接同意赔偿 3 000 美元，不过因为利润不高的原因，这次的订单里最多只能扣 50%，也就是 1 500 美元。剩余的 1 500 美元，在未来的三个订单中逐步扣除。

方案五：这次直接赔偿 1 500 美元，然后在未来的一年内，订单维持价格不变，不涨价，客户可以随时下单。

方案六：补货 20%，再加上 1 000 美元的赔偿，直接执行。同时对未来 5 个订单都给予 3% 的折扣。

然后根据客户的反馈，以及对于现有方案的进一步想法，再调整解决方案，继续磨合，力求把这次的问题完美解决。

解决问题的关键在于方案，也可以像我强调的梯度报价方法那样，引导客户的思路跟着你走。最后的目的，是让他做选择题，选择某个接近的方案，来继续谈判。这就是一种迂回牵制的手法，降低对方的抗拒心理，也为了未来可以继续合作。

在索赔的案例中，谈判的基调，就是不全赔，一定要留个尾巴。全赔看起来爽快，客户也满意，但是公司的损失一定是最大的，客户有没有下一单，也很难说。说不定问题解决了，客户就可以放心转单，因为没有任何心理压力。这对于公司而言，是非常不利的。所以这种照单全收的谈判策略，我是十分反对的，毫无技巧可言，也不能体现谈判水平和能力。

多重角色虚拟的谈判方法，比一个业务员直接谈判，效果要好得多，因为考验的是对方的心理，是思维层面的博弈。

当然，这种索赔案例，只占外贸谈判中很小的一部分，其他各种谈判，都可以应用多重角色手法，效果会让大家大吃一惊。

不过我要补充说明的是，这背后考验的，是业务员的心理素质和过硬的英文邮件能力。业务员要能够模拟不同角色的思维方式和行文方式，营造出不同的语境，运用不同的谈判手法。

很多业务员的邮件都是一种写法，对方一看就是一个人写的，不仅没有效果不说，还会被客户耻笑，那就是“画虎不成反类犬”了。

所以业务员要具备过硬的邮件实力、强大的思维能力和大局把控能力，能眼观六路。只有从全局出发思考问题，才能举重若轻地处理这些看似复杂的问题。

这里面的学问很大，值得大家好好琢磨。

第八节　产品出问题的“诚实”和“隐瞒”

在标题中，我把诚实和隐瞒这两个词，分别打上了引号，这就表示，两个词有本来含义之外的引申含义。我们先通过一个问题和一个案例，来分析实际工作中的思维策略和应对手法。

很多业务员会被一个问题困扰，就是当订单或产品发生问题的时候，是否需要第一时间告诉客户？如果老板或经理不让说，要求隐瞒这件事情，那业务员是应该听经理的，装聋作哑，还是坚持自己的职业操守，跟客户说实话？

现实其实没有大家想得那么绝对，很多时候没有绝对的黑与白，不需要选边站。生意场上，并不是非黑即白，一边是朋友，一边是敌人。大多数时候，都可以找到变通的办法，解决双方的问题和矛盾。

下面这个案例和我的思路，或许能给大家一些启发。

一、所谓“死板”的业务员

案例 3-11　沉默的困惑

这是一个朋友的真实经历。他在工厂里做外贸跟单，一直被一个问题困扰。在订单生产过程中，他常常会碰到产品质量或者其他方面的问题，他就想跟客户直接沟通，让对方知情，知道产品出了哪些问题，然后商量如何解决。但是他的领导通常会抱着侥幸心理，要求他保持沉默，不让客户知道，然后继续按照原计划生产和出货。如果客户不发现，那就没事；如果客户发现了，那就到时候再想办法解决。

曾经有一次，他在发现问题之初，就写邮件明明白白告知了客户，结果客户十分生气，立刻问他老板表示，绝不接受瑕疵，要求重新生产，或者打折出货。

他的领导自然是怪他多事，跟客户说了实话，结果导致公司遭受损失，这是没必要的。领导觉得，如果他不说，可能客户根本不会注意到，说不定就顺利出货了，什么事情都不会有。

通过这件事情，他的领导自然而然地认为，这个业务员太死板，过于死心眼，不懂得圆滑变通。

他很矛盾，碰到此类问题，究竟应该如何处理？难道必须沉默，必须装傻？明知道公司不对，还要昧着良心装聋作哑吗？

可领导说得也没错，毕竟有些是很小的问题，他不说，客户根本不会注意到，什么事情都不会有。他是公司的员工，是拿公司薪水的，怎么可以吃里扒外？

他开始变得迷茫，不知道该如何平衡这类矛盾，同样不知道如何平衡公司和客户之间的利益。

二、如何针对具体问题具体分析

在我看来，其实这类问题不难处理，要根据具体情况来分析。

首先，我们要弄明白，如果产品出了问题，这个问题在哪里；客户能否轻易发现；如果发现了，最大的危害是什么；最坏的结果会怎么样。

举个例子，假设客户要求的包装外盒有一个指定颜色，色号是 Pantone 375C。我们外协工厂做的包装，颜色上或许有一点色差，但是不明显，接近于 Pantone 374C。那在这种情况下，根据我的工作经验，就没有必要专门跟客户解释了，毕竟色差很小，完全在可控范围内，基本上是可以接受的，客户甚至完全不会注意到。可如果你专门一说，跟客户一强调，对方说不定就会十分紧张，本着安全原则，会拒绝接受有色差的产品，一旦客户提出全部重做，那就得不偿失了。

但是如果产品出了比较严重的问题，那就是另外一回事了。比如电器，客户指定的电压是 110V，但是工厂弄错了，做成了常规的 220V，这就是大问题，必须如实告诉客户，而不能装糊涂。一旦对方没发现这个问题，正常销售，用户使用后，或许会造成火灾，引发十分严重的后果。这种情况是绝对不可以装聋作哑的。等到出了问题，客户索赔，外加各种惩罚性赔款，打官司，产品全面召回等情况都可能出现。所以发生这种严重错误，一定不可以出货，不可以装傻，一定要跟客户实话实说，共同研究如何处理和解决问题。

其次，针对侥幸心理的问题，我认为在看不见的地方，或者不仔细看不容易发现的地方，有点小瑕疵，但是不影响产品的使用、美观和安全性的，可以先压一压，不需要第一时间就很诚实地告诉客户。因为你要保障客户的利益，同样也要保障公司的利益。一旦因为很小的差错要返工，公司会蒙受损失，作为业务员，自然也不会好过，订单赔了，奖金飞了，甚至激怒老板，前期的时间、精力都白费了，我相信也不是业务员想要的结果。

最后，个人利益的问题，自然不得不提。比如说，我拿下订单，维护公司利益，自然有我的一份奖金在，这没错，但是也不仅限于此。更多的是在合作的过程中，让客户信任我、欣赏我、依赖我，这是一个经验和经历的积累。想把客户逐渐培养成老客户，就要在完善产品和完善自身的同时，尽可能少出问题，少给客户找麻烦。

比如服装行业，一个 washing label（水洗标）做错了，一旦发现问题，业务员可以立刻安排重做，立刻返工。这不是什么重大的事情，只要不影响交货期，这个错误完全可以自己内部消化，没有必要专门向客户汇报。汇报后，反而让对方感觉我们作为供应商不专业，影响公司形象和业务员的个人形象。

三、长袖善舞

在我看来，在某种情况下，业务员的个人形象或许更加重要。比如公司的策略出错，但是跟客户对接的人是业务员，客户会怎么看？如果业务员说，这是其他人的问题，就可以推卸责任吗？不现实，这影响了公司的形象，同时也影响了业务员在客户心里的形象，觉得这个人不专业、不靠谱。

一个好的业务员，是要让客户一提起就满口称赞的。如果客户有什么事情都喜欢找你，有什么问题都喜欢问你，因为你做事，他放心，而订单交给你，他甚至可以安心去度假，做到这些，才能体现业务员的个人价值和个人能力。

当然，最为难的地方在于，如果产品有问题，而领导已经要求隐瞒，在这种情况下怎么办？隐瞒会得罪客户，不隐瞒会得罪公司，怎么处理才是最合适的？

这个问题看似复杂，其实也不难解决。我过去的做法是，一旦发现产品有问题，而这个问题是没法内部消化的，根本瞒不过去，哪怕货到了国外也有很大可能性被发现，我就会问工厂，如果重新返工，解决这些问题，需要多少时间？

然后是核心的核心，就是“先斩后奏”，直接跳过“询问领导”这个环节，先发邮件给客户，告知客户问题在哪里，我们返工需要多少时间，请对方谅解云云，造成既成事实。一旦领导知道后责怪我，怪我不懂变通，那就跟领导道歉，说自己考虑不周、处事激进，不如领导沉稳干练、经验老到等，先认错再吹捧，然后表示下次一定三思而后行，向领导先请示，这件事情就过去了。

但是这样做的好处就多了，在客户那边尽到了责任，维持了自己专业和诚实的形象，在公司这边向领导也有交代，虽然可能略有损失，但稳定了客户，一举多得，那又何乐而不为呢？

该诚实的时候，要诚实；该装糊涂的时候，要装糊涂。公司的利益，客户的利益，个人的利益，都要平衡好，才是一个足够出色、高情商的业务员，这需要足够的历练和沉稳的心态。

优秀的业务员要能在三个鸡蛋上跳舞，要长袖善舞。

第九节 跟进客户的进行时和将来时

我们学英文，自然知道完成时、进行时和将来时的区别。

我已经把样品寄给你了——这是完成时。

我正在给你准备样品——这是进行时。

我会尽快把样品给你寄过去——这是将来时。

我相信大多数朋友都不会弄错时态，又不是小孩子，怎么可能不知道时态的不同?

但是在跟进客户或和客户谈判的过程中，完成时表示事情已经解决，姑且不论，为什么大多数人会用将来时，而不是进行时呢?

把理论映射到现实中，在真实的工作中去考量和比较，或许这也是二八定律的一个分界点吧。

一、用好“进行时”

假设一个新客户发来询盘，要求提供某几款产品的详细报价单。

业务员的第一种回复，可能是：“Thank you for your inquiry! I will send you the offer sheet in detail soon.”（感谢你的询价！我会尽快发送详细的报价单给你。）

业务员的第二种回复，可能是：“Thank you for your inquiry! I am working on it and will let you received the offer sheet in detail tomorrow afternoon.”（感谢你的询价！我正在做详细的报价单，预计明天下午可以发给你。）

现在的问题是，哪一种回复更好？我们可以换位思考一下，假设你是客户，你会偏向于回复哪个业务员？你会对哪个业务员的印象更佳？

我相信大多数朋友都会毫不犹豫地选择第二种。没错，我也会选择这个。

可最大的现实问题在于，明明大家明白第二种处理方式更好，可为什么自己在工作的时候，会本能地选择用第一种方法回复客户？为什么不选择进行时，而采用将来时？

虽然只是一个很小的细节，但是窥一斑而知全豹。当跟一个素不相识的人打交道，还没有面对面，在仅仅采用邮件或者聊天工具沟通的情况下，你如何让对方对你放下戒备心？如何让对方不会厌烦或失去耐心？你说 soon（不久），那究竟是多久呢？一天？一个礼拜？还是一个月？他心里是没底的，因为你没有给一个具体的范围，没有一个结论。你觉得他可以理解，但是他其实不理解。

这里的关键，是给对方一个信号：“we are working on it”，表示“我们正在做”，而不是无视，不是忽略，不是搁置，不是放在一旁不闻不问。

二、让你的努力及时、准确地被看到

举个例子，假设你突然很想吃巧克力，或许会立刻行动，开始网购。

你在某个电商网站找到了心仪的巧克力，可你不确定的是，保质期还有多久，描述里没有写清楚。你还想知道，价格有没有优惠，最近有没有活动，多买一点有没有折扣。于是你就会联系一下商家，把你的疑问罗列出来，等待对方回复。

（一）一个不善沟通但很努力的业务员

向商家咨询是一个很正常的商业行为，也是部分消费者的采购偏好。但是可惜的是，你通过在线聊天工具把这几个问题发过去后，对方没有一点反应，没有回复。你明明看到对方已经阅读了，但就是不回你。

半小时过去了，你追问了一下："在吗？"没有回复。

一小时过去了，你再追问一下："请问在吗？能回复一下我的疑问吗？"还是没有回音。

你接下来会怎么做？

或许你就此认定，这个商家不靠谱，没有服务意识，客服人员不知道在干什么，没有解决客户疑问。客户都等了一个多小时，还是没一点消息，哪怕没有便宜，没有折扣，也可以回复一下，明明显示已经阅读了，就是不理人是什么意思呢？

或许你会非常不满，直接在别家购买了，哪怕别家贵了几块钱，但是服务不错，让你心里十分满意。

但客服人员没有及时回复只是表面现象，后面的都是你作为消费者的想象罢了，并不一定就是真实情况。

真实情况可能是什么样的呢？

或许这个商家看到了你这些问题，客服人员非常重视，很敬业，立刻去了解情况。但是他在系统里查询后，发现这批货不在公司，是由仓库直接发货的。所以他立刻跟仓库联系，看看这批巧克力的生产日期究竟是什么时候，保质期有多久。然后针对价格和折扣的问题，他是没有权限的，他要把情况汇报给上司，问上司有没有什么特殊活动，顾客如果多买一些，有没有额外的优惠。

这些工作其实他都在做，他给仓库打了电话，向上司询问了折扣问题，就等着拿到所有信息后，再一次回复你。

但可惜的是，等他多方沟通，终于把问题全部弄清楚，把方案全部拿到，一次性回复了你罗列的所有问题时，说不定你已经在别家购买了，甚至你因为对这个商家不满，已经把他拉进黑名单了。

他努不努力？冤不冤枉？

我觉得他的确努力，也对工作负责，但是不冤枉，因为他处理问题的技巧不足，公司缺乏标准作业流程教大家如何应对和处理问题。

这就是一个信息不对称的问题。

（二）“进行时”状态优于“将来时”状态

业务员其实已经在做，是“进行时”，而且很快会有结果。但是给客户的感觉是没有消息，没有下文，不知道需要等多久，甚至不知道会不会有回音。客户心里是没底的。

既然没底，他或许就会选择货比三家，多问几个供应商，这样就很容易被高效和有谈判技巧的业务员征服。

在我看来，做生意，归根到底还是和人打交道，而不是和产品。生意是死的，产品是死的，人是活的。

虽然工作需要梳理和安排，需要按照优先级来完成，这没错，但你不能让客户感觉不知道何时有结果。说白了，你不能给客户“将来时”的不确定，而要给对方“进行时”的笃定。

因此沟通时就必须让客户感觉到，你在做，是“进行时”，让他感受到你的重视和诚意，然后再逐步用专业和服务去征服他。

三、左右皆可兼顾

有一个生活中的小场景，让我感受颇深。

那次是在瑞士的小镇 Interlaken（因特拉肯），我和太太在一家手表店里闲逛，当时一个服务员正在给我们介绍 Audemars Piguet（爱彼，瑞士品牌）的款式和价格。当然了，我不是自己买，只是给好友老华看看这几款手表在瑞士这个原产地的价格。

销售员是个瑞士小伙，能讲德语、意大利语、法语、英语，还能说一口流利的普通话，是个人才。这时有另外一对夫妻进门，可店里其他的服务员也都在忙，都在接待不同的客户。

这瑞士小伙最靠近大门，但是他在服务我们，这时候他应该怎么做呢？他不可能放下我们，去招待其他客户。这不现实，也不礼貌，反而会失去我们这两个潜在客户。但他也不可能置那对刚进门的夫妻不顾，也许他们见没人招呼，随便逛一逛就离开了。

因此他作为销售员，必须在最短的时间内留住和稳住我们这两组客户，争取更多的销售机会。

他是如何完成这看起来不可能的任务的？

他的做法是，先跟我们沟通。他原话大致是这样的："两位，我想请你们帮我一个忙。店里顾客很多，其他同事都在忙，现在有两位客户进来，我需要离开大概三十秒的时间，我马上会回来，可以吗？"

这么一说，其实大多数客户都不会有意见。更何况，他的谈判很有技巧，一方面礼貌征求你的同意；另一方面，还为自己的离开设定了时间，仅仅三十秒，或许两三句话的时间，他就回来了。这是让人无法拒绝的，我们自然也表示没有问题，请他随意。

他于是离开，走向那对刚进门的夫妻。他用英语问候，大致是这样的："两位，非常欢迎！我们主要代理 Audemars Piguet 的手表，左边是 ××，右边是 ××。我想请你们帮个忙，先自己看看，我正在招待另外两位客户。不过我保证，我或者我的同事，十分钟后一定会过来招呼你们。"这么一说，对方当然也表示没问题，让他先忙，他们先自己看看。

然后销售员立刻走了回来，继续为我们服务和讲解。

这一手，让我对这个瑞士小伙刮目相看。

因为我是做外贸的，长期跟形形色色的人打交道，也钻研销售和谈判技巧，写过不少这方面的文章和书，知道两线谈判的难点。

他的做法，其实拆解开，就是不错过任何一个机会，不放弃任何一个潜在客户。只要有客户上门，他就会全力以赴，去争取机会，为客户服务。而他通过谈判技巧，让两边的客户都不会感觉到任何的不尊重。

这就是专业素养的体现，就是营造一种"进行时"的氛围，而且尺度拿捏极佳。

如果他在新客户上门的时候，突然离开我们，去招呼别人，我们或许会因此而不快。先来后到，总是要守规矩的吧？如果他继续招呼我们，不去理会新客户，或许人家很快就会离开。

他其实有意或无意间做的，是一个 quick reply（快速回复），给新客户一个信号：我没有无视你们，我这边很快就可以完成，大约十分钟后，我或者我的同事就会过来为你们服务。

这样一来，只要客户不是真的十万火急，或者根本毫无兴趣的话，多半会随便逛逛，选择停留一下。

瑞士这个国家，除了罗曼什语区外，主要分为德语区、法语区和意大利语区。可即便如此，即便这个国家足够富裕、教育水平足够高，要同时会三门语言，还是挺不容易的。这个瑞士小伙还会英文，说明起码受过高等教育，还能说一口流利的普通话，那更不简单，若没有在中国留学和居住的经历，说好普通话本来就很难。

因此，他的谈判能力、沟通技巧，绝对不是随便就学会的，而是下过苦功夫的。单讲这一手无比自然的两线沟通技巧，就是教科书级别的谈判案例了。

那这个案例，究竟给了我们什么启发呢？

我们再换位思考一下，假设把瑞士小伙的技巧用到我们参加展会的时候，用这一套云淡风轻的谈判手法接待来我们展位的客户，会不会效果很好？

此外，至于深层次的博弈，我的理解是，当客户跟你初次接触的时候，其实你心里没底，不知道客户的具体情况；客户心里也是没底的，他同样不知道你的情况，不知道你靠不靠谱、专不专业，产品和价格合不合适，能不能作为合适的供应商。

客户不会一开始就把你当成供应商，详细探讨产品和订单的细节。如果在初次接触的过程中，你让客户觉得不靠谱，或者没效率，或者价格离谱，或者发生任何其他的不愉快，他都有可能停止沟通。

你可以向他表示你会做，会给他答复，但是很遗憾，客户要的可不止这些。客户真正要的，是可以量化的东西。

你会给他报价——什么时候？

你会向老板请示最低价是多少——要等多久？

你会看看有没有现成的样品——明天能否有结果？

你需要跟采购部门合作，重新核算配件的成本——这周内是否有准确的回复？

客户当然理解，你有很多事情需要去做，需要去核实，需要去确认，但是他要的是结果，而不是无休止的等待。

因此专业的业务员会给客户营造一种“在做”的氛围，而且会给出一个大致的时间范围，先拉住客户，继续探讨，而不是让客户立刻放弃。

有的时候，你真的不是输在价格上，或许只是输在谈判技巧上。

多用进行时，量化将来时。

第四章

突破思维局限，夯实业务技能

突破思维局限，这不是口号，

而是全方位提升业务技能后的总结。

如果别人都在这么做，

我如何做得更好？

如果别人都这样思考，

我如何变得不同？

一流的销售员，要走正道，也会出险招。

第一节 买手考量供应商的三个要素

或许大部分业务员还是会被固有思维限制，会简单认为，跟买手谈不下去，没法成交，基本上就是因为价格不够好，达不到他的目标价；或者被同行低价抢单；又或者是买手肯定想找工厂合作，而你是贸易公司业务员，所以争取不到机会。

这样想，就过于简单了。毕竟我自己曾经做过美国公司的买手，我想从我自身和我同事的角度，来谈谈买手选择供应商时，主要会考虑哪些问题。

在拙作《外贸高手客户成交技巧2：揭秘买手思维》中，我用了大量的篇幅和案例来分析买手迷恋什么样的供应商，反感哪些行为，平时如何思考，如何筛选供应商等，做了细致而深入的探讨。那么在这里，我们再从思维的层面，从三个角度去分析人的本能选择和感性衡量。

一、你是否值得信任，是否让对方满意

买手或许不了解你的产品，不了解你的公司，也不了解你的过往经历，但是他能够通过基本的沟通感知你这个人。其实对于买手而言，你就是一个contact window（沟通窗口），他通过这个“窗口”，初步建立对你的公司和你的第一印象。

大家现在知道业务员这个角色多重要了吧？这就好比你去一家餐厅吃饭，服务员态度恶劣，语气咄咄逼人，或许你就会觉得，这家店真烂，以后再也不来了。但是真的是这家店的原因吗？或许只是服务员当天心情不好，但因为他的个人行为，已经让你给这家店打上了“服务态度恶劣”的标签。

对于做外贸也是一个道理，或许买手不喜欢业务员，觉得他什么都不懂；或许觉得双方思维没有在一个层面上，沟通费力；或许觉得业务员满嘴跑火车，没有一句真话，不实在；或许觉得业务员工作效率低下，毫无条理可言；或许觉得业务员不够专业，什么事情都一问三不知，……

总之，不管什么原因，哪怕只是业务员的无心之失，都可能让对方不满意。这就好比人与人相处，很多时候，第一感觉相当重要。怎么说呢？这就好比相亲，第一感觉如果很好，或许就会多聊一下，然后相互留下联系方式，后续会保持联系。可如果第一感觉很普通呢？或许出于礼貌，也会继续沟通一下，看看会不会转变看法，这也有可能。但如果第一感觉非常差、很糟糕，那说不定就会找借口离开，也不会交换联系方式，也不想有下文。这就是人之常情。

做生意也是如此，并不存在绝对的理性。买手也是人，也喜欢跟自己信任的人、满意的人、喜欢的人沟通、合作。所以很多时候，初步联系后发现买手消失，不回复邮件，未必就是价格因素，或许就是某些地方，你没有达

到他的预期。又或者说，你的同行比你出色很多，买手一比较，就高下立判，你在竞争中就出局了。

二、买手并不喜欢耍小聪明的人

从买手的角度而言，当然希望供应商在各个方面都对口，都可以满足自己的要求。但在现实中，本就不存在完美的东西，不存在完全对口的供应商。这一点，其实大家都明白。所以我们需要考虑的，是一种相对意义上的平衡，是在不完美中，达到买手的核心要求而促成合作。这才是业务员需要努力的方向。

比如说，产品明明没有通过美国的 UL 认证，但是为了忽悠客户下单，说自己有测试报告，然后用 Photoshop 做一个假的文件，发给买手，以为这就能瞒天过海。但是这种小伎俩根本摆不上台面，也无法一直有效。

业务员要争取订单，这可以理解，但是也不能把客户放在火上烤啊！要是买手真的相信了，没有核实和查询，结果出货以后，发现证书和报告造假，货在美国被海关查封，客户甚至会因此而背负巨额的惩罚性赔款。在这种情况下，你让买手怎么办？他彻底被你坑了，就只能引咎辞职，为了给公司一个交代，他就不得不为业务员的错误而买单。所以这种小聪明，也是令很多采购同行们非常恼火和讨厌的。

没有测试报告和证书，那就大大方方告知客户，实话实说就行。业务员可以提出解决方案，比如跟买手商量，一起分摊费用来做检测，总之要通过正当谈判来解决问题，而不是耍小聪明。

哪怕这个项目暂时谈不拢，或者暂时没有合作的机会，未来还可以继续找机会。可如果造假，耍小聪明，给自己的诚信抹上污点，往往就会被买手列入黑名单，再也不敢用你，因为风险等级太高。

三、供应商的综合实力比单纯的低价更重要

通过低价抢订单这个招数并不适合所有客户，也不是所有买手都会买账的。这就好比你去某个网站买东西，你会货比三家，很正常，但是你往往不会买最便宜的那个，而是买你觉得最靠谱的那个。

那怎么样才会让你觉得靠谱呢？或许是精美的图片、完善的文字描述、良好的沟通交流、高效率的回复、很高的用户评价、合理的快递费等，这些从整体上给了你不错的印象，让你觉得这个卖家很靠谱。如果价格也在你可以接受的范围内，那么在这种情况下，你本能就会偏向于选择这家让你觉得靠谱的供应商。

外贸谈判也是如此，当有了起码不算太糟糕的第一印象后，买手跟业务员的沟通探讨会逐渐深入，会探讨跟项目有关的一些细节。这个时候，如果有一次、两次或三次，让对方觉得你没那么靠谱，他对你的评价就会有所保留；或许另一家供应商貌似更好，各方面都比你强，你就有可能出局。别人的价格可能比你高 3%，但是买手觉得跟他们合作更放心、更省心，你就有可能因此而失去宝贵的机会。

这也是很多中国港台地区贸易商存在的理由和价值所在。他们的成本不低，大部分产品都需要从中国内地（大陆）以及其他亚洲地区采购，再加上他们自己的利润，价格一定高于内地（大陆）的工厂和贸易公司。但是他们依然能够拿下海外客户的订单，过得还不错，靠的是什么？其实就是软实力，就是专业、效率、服务，以及让客户觉得他们靠谱。

希望用这篇文字，给那些把思路都集中在“价格决定一切”的业务员们“洗洗脑”，带来一些不一样的思考。

第二节 客户抱怨价格高，能否直接问目标价

报价后，当客户回复价格太高，很多业务员都会用一招来应对，就是直接询问对方的目标价。

其实这种做法，在我看来是很被动的，也没有任何的谈判技巧可言。最后要么利润被榨干，或者干脆做不了，久而久之，也会强烈打击业务员的工作积极性，有百害而无一利。

大家可以对号入座，看看自己是否还在用这种简单、直接、无技巧的方式来谈判？是否还在用这种不动脑子的客服式思维来做外贸？

谈判本身，是沟通和探讨需求的过程，也是相互试探和让步的博弈，这里面本身就有大学问。每个客户情况都不同，每个项目情况都不同，不可能以一招应付所有客户，一步到位，一招制敌，不花费过多的时间和精力，能做就做，不能做就放弃。外贸要是真的这么简单，还需要研究销售技巧、谈判技能吗？

一、不要太“简单直白”

在我看来，目标价本来就是一个敏感的话题，而在谈判过程中询问目标价是一件秘密武器。既然是秘密武器，肯定不能轻易使用，往往都是到谈判的重要关头，用来作为推动器、催化剂，起到一招制敌的大作用。

不同产品，不同项目，虽然没有可比性，但是销售手法和销售思维，我认为大多还是相通的。

谈判本身就是一门艺术，业务员想通过询问目标价来走捷径，一招决生死，想法是很好，但是客户也不傻，他心里没底的时候，往往也不会随意回应你，以免让他自己陷入被动。所以他一定会选择货比三家，通过比较来了解市场行情，而不会轻易告诉你目标价，让自己没有转圜余地。

我们可以通过一个现实中的案例来分析这个问题。

案例 4-1　买房的谈判博弈

假设你想买房子，最近开始看房。深圳的一个新楼盘，单身公寓，40 平方米，商家的报价或许是 200 万元，单价每平方米 5 万元。在对方初次报价后，你会怎么想？

或许你的第一反应是，价格还不错，这个价格完全可以接受；又或许在心里面盘算，好像价格有点高，离自己的预期有点差距；也有可能不确定价格高低，想比较一下周边同类的楼盘再决定；还有可能，你根本就是路过随便看看，随便问问，并不急着下手。

但是不管你是何种想法，卖房的业务员在跟你初次沟通的时候是不知道的，他看不透你内心的真实想法。你觉得他会怎么做？我觉得他一定会尽自己最大的努力告诉你，这套房子有什么优势，比如户型好，地段好，交通方便，周边的配套设施完善，还会分析学区、未来的配套设施规划，以及周边楼盘的价格等。

然后到最后，他会根据你关注的点、你提出的问题，来分析你最在意的一些要素，再有针对性地下手，逐渐突破你的内心防线。哪怕到最后，或许你真的没有立刻下手的打算，他也会留下联系方式，让你回去考虑考虑，过段时间再通过电话和微信之类的渠道多手法跟进。

这就是一个业务员正确的谈判思维和谈判手法。他会直接询问目标价，然后跟你讨价还价吗？大概不会，因为他需要通过优势展示，一步步谈判，来化解你的防备心，勾起你的兴趣，从而引导你说出你不下单的顾虑和问题。

二、着急询问目标价等于给了对方机会

那他为什么不在售楼处直接跟你讨价还价？为什么不直接问你的目标价？这不是更直接吗？能卖就卖，不能卖就结束谈判。

因为这是把他自己逼进死胡同，是没有用的。比如他报价 200 万元，不管你觉得价格贵，还是价格便宜，还是价格适合，你作为消费者一定会尽可

能砍价，尽可能多占点便宜，尽可能多争取利益。

只要他问了目标价，你一定会说："价格方面我要考虑一下，最低价格是多少？"又或者说："你们能给什么样的优惠折扣？"往往卖方就会再降一点价。但是你会马上掏钱包刷卡，当场签合同吗？我觉得你是不会的，你一定还是会综合考虑后再做决定。比如周边一个楼盘虽然价格更高一点，但是有更好的学区，可能就会进入你的考虑范围。如果这个楼盘再给一个很大的价格优惠，你就会进一步考虑，毕竟其他很多细节你也是很满意的。这就需要通过价格谈判来解决。

这时候如果业务员问你目标价，你会马上报价吗？我相信你还是不会。哪怕会，也是一定会说一个很低的价格。如果我是这个买房的人，现在业务员问我目标价，我就一定会说，这个楼盘有什么缺点，我不满意的是什么，所以我需要考虑一下，比较一下。因此给出目标价是没有意义的，因为我的预期价格，他们肯定也不会答应。如果真的要问，那我会说："如果 150 万可以接受，我马上签约。"

这类砍价，哪怕不是乱砍价，也砍了 1/4 了。因为楼市的价格相对还是透明的，乱报高价宰客的不是没有，但是相当少。我知道这房子一定不会卖 150 万元，才会说出这个显然无法成交的"目标价"来。因为这不是我真实的目标价，而是借此逼出对方更好的价格。本来我不可能贸然报价，正是因为业务员问了目标价，给了我这个好机会，当然是死命砍价。

三、亮出底牌

那在这种情况下，业务员可以怎么做？往往他已经被自己询问目标价的昏招逼进了死胡同。这个时候，他如果发脾气，甩脸色，那就彻底失去了我这个客户。而另外一条出路，就是坦白告诉我，这个价格是不可能的，他们能够做到的最好的成交价格，目前也就是 168 万元。

这样一来，他就让我知道了底牌，其实他们在 168 万的价格，是有过成交记录的。但是因为没有达到我的“目标价”，我依然可以表示“要好好考虑一下”，然后继续比较周边楼盘，慢慢决定，不用急。哪怕我真的很急，但是对方不知道，他为了开发我这个客户，后期一定会继续跟进，会在其他很多地方设法让步，让我签下这份合同。

大家看，我什么事情都没有做，这一切就变得唾手可得，对方因为询问目标价这个昏招，主动把底牌都亮了出来。

就如同我上面提到的，询问目标价的本质，其实是一个终极武器。一旦用了这个武器，就是不成功便成仁。

这就像我们去商场买衣服，对方报价 1 000 元，你砍价到 800 元，那这个 800 元，其实就是谈判过程中你的目标价。如果对方同意了，那结果就是，你必须付款，这就是规矩。因此规矩就是，对方一旦同意了你的目标价，你就必须下单了，否则就是你违反了商业惯例和道德，你违约了。所以当你对这件衣服的价钱心里没底，不知道这个品牌的衣服品质，你往往就会往低了砍价，设置更低的目标价。

四、循序渐进才是法宝

做外贸也是如此，对方如果不了解你的真实情况，自然会随意砍价，甚至拦腰砍价或者直接给出超级低的价格，来逼出你的真实底牌。所以在谈判初期，随意请对方给出目标价，这种做法我是极端反对的，因为场合、时间不对，就没有发挥这个秘密武器应有的作用。

我认为，在初次接触、刚开始谈判的时候，自然不能直接讨论目标价，没必要直接放大招，因为在大部分情况下容易有反效果。但在已经进行了多个回合的谈判，除了价格以外，对其他问题几乎都已经达成共识，甚至样品和细节都早已确认的时候，通过目标价的沟通，把订单最终敲定下来，这个思路才是对的。

而往往客户在价格没有谈拢的情况下，依然愿意跟业务员探讨产品的细节、样品、付款方式、包装、商标、测试、交货期等问题，就等于在暗示，价格当然还需要谈，但是差距已经不是太大了。如果双方给出的价格差距很大，客户还有时间和兴趣跟你谈细节吗？这不是浪费大家时间吗？

这就好比去买车，如果你只有50万元的预算，你会去看500万元的劳斯莱斯吗？然后跟销售人员沟通价格，确认音响的品牌，询问轮胎的参数，了解保养的价格，再问付款方式，你觉得可能吗？大多数人没这个闲工夫，浪费自己的时间去做毫无意义的事情。

因此我想告诫业务员，做外贸一定要有耐心，谈判一定要沉住气，很多时候就是欲速则不达。想通过询问目标价快速决定能否合作，往往就会在谈判中失去优势。

如果业务员对谈判的过程毫无兴趣，十分反感；如果业务员根本不想在专业、效率、服务、思维、细节等方面下功夫，那就只能沦为客服式业务员，就只有拼价格这一条路了。

我相信，这是大多数外贸朋友不想要的结果。

第三节 用体验式服务来完成订单裂变

我们先来看生活中的一些小案例，或许对体验式服务会有一些更加直观的理解和感受。

你去办健身卡的时候，健身顾问是否会提出让你先上一节体验课?

你去报瑜伽班的时候，销售顾问是否会建议让你先上一节体验课?

你去报雅思课的时候，课程顾问是否会推荐让你先上一节体验课?

这方面的案例，其实有很多，我相信很多朋友都有过这样的经历。当对某样东西感兴趣的时候，先去体验一下，了解一下，尝试一下，看看适不适合自己，对不对自己的胃口，然后再决定是否要购买。

哪怕是网购，因为缺乏实际体验，只能通过图片、描述、排名、销售量和用户评价来选择产品的时候，也不乏有些消费者在选购一些大件或者贵重商品时，先去实体店了解一下，然后再做决定。

我们平时去超市，买酸奶也好，水果也好，都会有服务人员准备好试吃的样品，这也是一种体验式服务，让你直接尝一尝，而不是催你决定，只要你体验后觉得好，自然会考虑购买。这种销售方式还有一个优势，出于深层次的人性，大部分消费者会想："我吃都吃了，虽然味道谈不上特别好，但是也还行，不买有点不好意思，那就少买一些吧！"

一、浅析采购者的思维路径

大多数人在进行采购决策时，都会经历接触、了解、体验、购买的过程。从思维层面来分析，是有一个具体路径的。

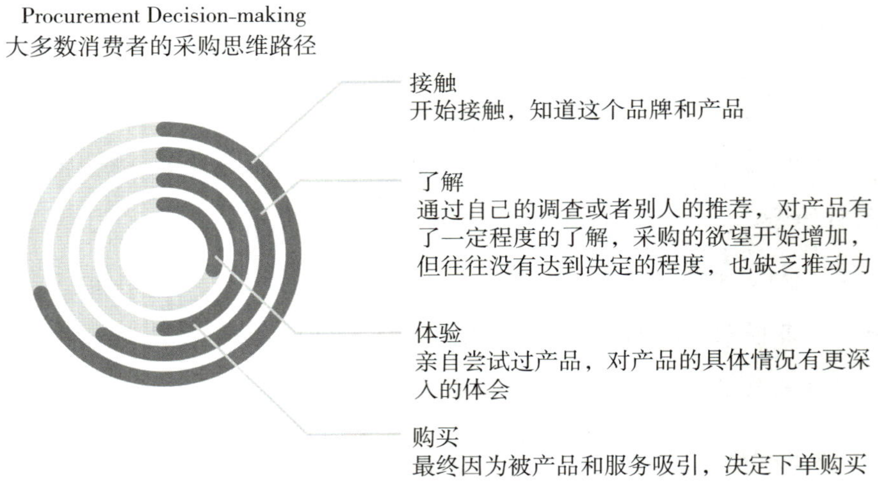

图 4-1 大多数消费者的采购思维路径（毅冰制图）

是否可以缩短中间环节呢？有些时候可以，有些时候不行。因为每个客户的情况不同，需求不同，对产品的了解不同，对人的防备心不同，所以并没有相应的标准。

怎么理解呢？有些人去报瑜伽班时是很果断的，因为本来就有这个实在的需求存在。所以当她去瑜伽馆后，会咨询具体的课程、上课的时间、办卡的费用、私教的价格、促销活动等。如果价格在预期范围内，各方面也都基本满意的话，她就会果断报名。这一类用户，是不需要体验环节的。

但是还有一类人，她或许心里面有些犹豫，不确定是要练瑜伽，还是要去健身，又或者去游泳。她并不知道自己能否坚持下去，或者能坚持多久。她也不知道练瑜伽到底辛不辛苦，对于没有运动细胞的她是否会无聊。她还不知道，每次开这么久的车过去，还要找停车位，就为了练两个小时瑜伽，有没有必要。至于价格，她觉得次卡贵了点，办年卡又怕自己难以坚持，一直拿不定主意。

针对这类客户，最好的突破点是什么？自然是先安排一次体验式服务，根据她的个人情况安排一节课，看看情况。如果体验后，发现她对于课程内容和老师都很满意，这个时候再继续谈其他问题，探讨解决方案，逐渐化解她内心的防备。如果她担心次卡不划算，办年卡又担心难以坚持，那可以建议她先办季度卡，价格会贵一点，但是一旦一个季度下来，她形成了练习规律，再让她补差价，延长成年卡，不就可以了？

生意是靠人做的，办法是靠人想的，客户的需求不同，很多公司想用一套话术、一套方案应付所有客户，自然是不现实的。如果业务员都变成客服，那就失去了存在的价值和必要性，也会流失很多本来可以成交的客户。

因此，体验式服务就特别重要。体验式服务可以让本来有顾虑的客户、本来难以直接成交的客户，进一步了解你，了解你的产品，了解你的公司，了解你的服务，有更加直观的印象。只要在这次体验服务中，你尽力做到最好，哪怕客户最终并没有下单，也没有什么可遗憾的，因为已经尽力了，把该做的都做了。如果客户将来真有需求，相信也会把你作为主要选项来考虑。客户如果有朋友有相关需求，或许你还可以得到宝贵的推荐机会。

二、体验式服务三板斧

再谈谈外贸工作中体验式服务的具体情况。

一个专业的业务员，是不可以随意缩短谈判环节的，而要在必要时增加和拉长谈判环节。这就好比我们中国人说的“欲速则不达”的道理，有些事情没办法快的时候，拉长节奏，或许会有不一样的效果。

> 比如一个新客户询价：这款蓝牙耳机的价格是多少？
>
> 业务员回答：15.5美元。
>
> 客户说：太贵了，这个价格我们根本没法接受。

这个时候，业务员正确的应对流程是什么？应该说，如何去应对客户对价格方面的质疑甚至是拒绝成交的态度？我先说能力最弱的业务员，可能立马就会问客户的目标价是多少。

业务员的心理，我知道，是希望借此了解客户的目标价，看看能否达到公司的底线，或者用这个价格去向领导或老板申请。但这是理想状态，在现实的商业社会中，生意不是这样做的，谈判不是这样谈的。这样只会让自己陷于被动，也会让客户进一步增加对这个公司的不信任，觉得价格水分很大。他或许会继续砍价，给出一个低得离谱的目标价。

那稍好一点的业务员会怎么做呢？或许会象征性降价，然后表示自己的东西真的不错，简单列举出优势和特点，所以给出的的确是最低价了。当然，这次降价，一方面留有余地，另一方面也是为了给客户台阶下，让谈判推进下去。

这个手法可以，因为业务员的思路，是先证明我的东西为什么值这个价格，会分析优势，会列明特点，再通过价格的适当优惠来推动具体的谈判。谈判思路可以，但还不算最好。

最好的办法，是把上面两者合二为一，既试探客户的目标价，同时展示优势和特点，通过给对方台阶的方式，拉长谈判节奏，不想凭三板斧就解决问题，而是引导客户继续探讨，来增加成交概率。因为对方的时间或许比你更宝贵，机会成本更高，谈判时间和节奏拉长，其实并不会降低签单的概率，根据我的经验，反而会让这个概率提高不少。

具体怎么做呢？就是增加一个步骤，人为制造一次体验式服务。我或许会按照图 4–2 所示的思路来做策划和具体执行。

第一步，先了解自己产品价格的底线、具体的利润，以及同行的大致报价，也查询一下客户的相关情况，做好背景调查。

第二步，向客户详细分析我的产品为什么是这个价格，理由何在，我们的优势和特点是什么，为什么这些东西会值这个溢价。

第三步，在象征性降价的同时，请客户看一下我们的样品，他就会明白，我所言不虚。

其实这三个步骤中，关键的是第三步，就是通过样品环节，人为制造一次体验式服务。这跟上面的瑜伽体验课，其实思路是一致的。

或许有朋友不同意，会质疑这套思路，如果有些客户不想看样品，坚持要先谈价格，因为觉得价格太高了，根本连样品都没兴趣看，怎么办呢？很简单，这就说明试探目标价的目的已经达到了。客户连样品都不想看，那说明价格差距真的很大，那就要调整谈判节奏，重新跟客户探讨细节。

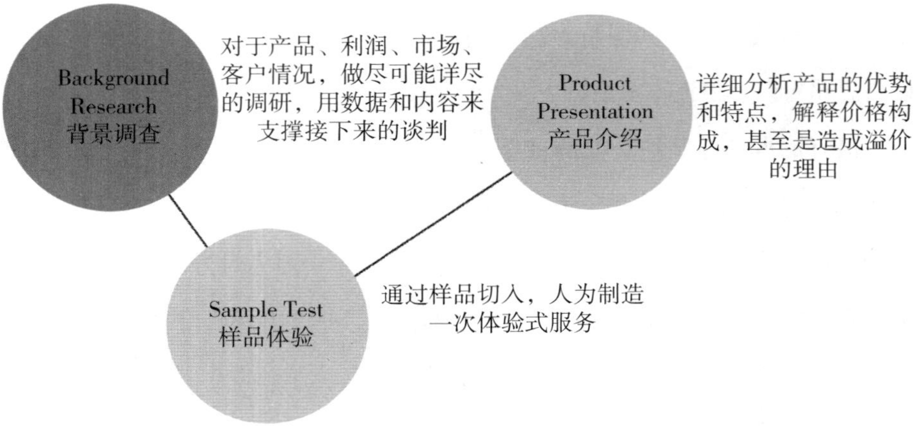

图 4–2 人为制造体验式服务（毅冰制图）

如果客户愿意看样品，愿意接受这个体验环节，那起码也说明了一点，价格也许离对方的心理目标有差距，但是这个差距，一定是可控的，一定不会太大，后期可以通过谈判来磨合，所以对方才有心思先看样品，再决定后续的谈判策略。

这样一来，其实是通过体验式服务，人为营造了一个机会，拉长了谈判环节。客户看到样品，觉得这款蓝牙耳机品质不错，看起来相当高档，音质也好，蓝牙连接速度也超级快，难怪价格高不少，比图片看起来好太多了。相比之下，那家报价 7 美元的，样品完全就是垃圾。

因为客户都不傻，人家也会 compare apple to apple（同类比较），知道在同一层次上比较。如果图片类似，描述差不多，而没有实际使用过和比较过样品，或许是看不出大的差异的。

这时候，人为通过样品环节制造一次体验式服务，就是明智之举。

三、不同主体对订单的考量

为什么很多时候，工厂跟贸易公司同时开发一个新客户，在同一起跑线上竞争，工厂居然会输？

原因很简单，工厂不是输在产品上，也不是输在价格上，而是输在思维上，输在谈判技巧和沟通方式上。

因为工厂的思维，重在生产的调整，订单的处理，原料的采购，交货的时间，成本的考量，工人的安排，等等。

案例 4-2　工厂对于订单的考量

工厂在面对一个新客户 500 个数量的小订单询价的时候，本能地就会按照工厂思维来计算：订单数量实在太少了，哪怕安排一组工人，可能不到一小时就做完了，厂长又要重新排班，非常麻烦，额外的成本并不低，还有许多不可控的因素存在。

再加上各种上机费、制版费，以及配套外协的配件采购，都因为数量少，会遇到各种困难，所以成本自然会往上走，需要加各种安全利润。如果这个订单总的加起来没有一万元的利润，老板也不愿意接。

因此工厂的业务员就只能综合各种现实因素，给客户报一个相对高的价格，加上 3 000 个的最小起订量，然后跟客户表明，如果订单数量真的是 500 个，其实各种费用加起来，跟 3 000 个也差不多，所以建议客户一次性购买 3 000 个。

而贸易公司的情况不同，贸易公司的业务员或许更加灵活，这是角色不同、思维方式不同造成的。

贸易公司的考量标准其实完全不一样。

案例 4–3　贸易公司对于订单的考量

贸易公司需要接单，就一定会多方询价、比较，选择最合适的供应商，比如贸易公司在一家工厂询价后发现，价格的确高了点，而且起订量要 3 000 个，估计很难跟客户谈，那就换一家。如果另一家勉强能做 500 个，价格略高，但样品还不错，那就先按这家的报价第一时间给客户报价，争取机会。

贸易公司业务员的衡量标准是：先拿下客户才是硬道理，以后找机会再慢慢赚钱，只要合作了，将来肯定有的是机会。工厂的报价略高，价格很难谈，贸易公司理解，工厂接小单不容易，报价自然不会便宜，在这种情况下，或许业务员保留 5% 的利润，就给客户报价了。

因为业务员考量的不是这个小单赚了客户多少钱，这没有意义，而是先通过小单把客户做起来，积累了信誉跟合作基础，有了销售记录，也有了彼此间的互信。这跟从未合作过相比，总是不一样的。

如果在这个环节中很难打开局面的话，贸易公司的业务员就会考虑采用体验式服务，人为通过样品环节来切入，在争取机会的同时，也试探客户对于价格的真实反应。

这个做法，其实认真来分析，也可以理解为一次体验式服务。贸易公司为什么愿意做小单，不赚钱，甚至略亏一点都无所谓？

原因很简单，就是希望通过这个小单，向客户展示诚意和配合度，也通过小单的磨合，通过实际的沟通和合作，让客户知道，你是专业和靠谱的，哪怕他下的只是一个小订单，你都会认真对待，都会给他做得四平八稳，所以未来如果有常规订单，他完全可以考虑你，不用担心。

四、抛砖引玉

因此大的体验式服务，是一个小的订单、一张试单，通过完美的合作、良好的配合，来证明你的诚意和能力。这里面或许还有小的体验式服务，就是以样品的切入来赢得机会和希望。

从客户的立场来看，他下小单，一定有他的理由和考量。比如不确定供应商能否把产品和订单做好，所以先试试看再说；比如曾经被其他供应商骗过，戒备心较强；比如销售情况并不明朗，所以先通过小单来测试市场；比如恰逢生意淡季，他不想备太多的货，想维持低成本运行，所以先下小单。

业务员要懂得换位思考，懂得帮助客户解决问题和麻烦，而不是给客户制造更多的麻烦和障碍。

体验式服务可以理解为，“证明自己的机会，降低客户的戒备心，展示自己的优势和特点，从而争取到更多的东西”。在某种意义上，这也是一种“刷脸”和“刷存在感”的机会。通过小单的合作，让客户更了解自己，也把工作交情和私人交情建立起来，不是更好吗？

做生意，赚钱是必要的，赢利一定是最终目的，但是要注意方法和策略，切不可操之过急。初次合作就要别人下大单，让别人多买，别人也会有疑虑，觉得你是不是有问题，究竟靠不靠谱。一旦客户心理上出现了不信任，设立了更高的防火墙，谈判就变得艰难无比了。

若要取之，必先予之。

这里的体验式服务，就是那个“予”。

第四节 买手换人，我们该如何应对

一、新买手上任后的两个问题

新买手上任后的两个问题，在实际工作中，会让业务员和老板十分头疼。

问题一：好不容易经过长期的磨合，投入无数的时间、精力和费用，成为客户的供应商之一，拿下了订单，可好景不长，没做几单，客户公司内部调整，买手换人了，前期积累的资源几乎通通浪费，还要重新跟进，跟新买手建立起信任跟合作关系，非常困难。

问题二：比第一个问题更惨，还没有进展到下单，前期的谈判、沟通、打样、磨合，已经折腾了一年半载。正在这时，买手换人了，一切要重新开始，或者干脆机会就丢了。

我相信不少人碰到过上述两类问题，觉得客户那边一换人，往往就会遇到诸多不顺、各种刁难，过去谈好的东西，新买手一概不认可，一切都要重来，实在让人欲哭无泪。更有甚者，就是新买手上任，或许就先把老供应商清洗一遍，一朝天子一朝臣，一言不合就转单的事情，时有发生。

所以碰到这种“新官上任三把火”的情况，我们应该如何处理，尽可能避免这些火烧到自己身上？这里面，同样有不小的学问。

在本书的第二章和第三章，我专门就这个问题做了详细的案例分析，这里还是希望多补充一些内容，给大家提供更多角度去思考和比较。

二、供应商的困境

有朋友就碰到类似的情况，虽然不完全一样，但也可以拿出来作为案例，给大家参考。

案例 4-4 买手换人后供应商的为难处境

他有一个合作很久的终端客户，过去直接跟客户的总经理联系，三年多的时间里，断断续续都有订单，虽然量不是特别大，但是客户对价格并不敏感，利润还算不错。更重要的是，付款方式也相当好，基本都是发货前付清余款，他作为供应商几乎没有风险，做得很顺利。

可好景不长，随着客户公司的规模扩大，和他联系的人变成了一个新入职的买手。新买手第一次跟他沟通，就是要采购一种特殊尺寸的产品。新买手的邮件，一看就能令人感觉到久经沙场的气质，非常沉稳老练。他在报价时，按照老规矩，给客户准备了样品和报价单，付款方式依旧是过去的 50% 定金，余款发货前付清。

但是新买手的回复，就跟过去是完全不一样的感觉了。新买手肯定了样品的品质，可对价格并不认可，认为比预期要高很多，而且付款方式也不接受，要做 O/A 60 days（60 天放账）。新买手还提出，价格起码要降低 20% 以上，才有一定的竞争力，才有机会往下谈。

他一下子变得十分为难，如果直接降价 20%，己方利润大降，而且有一定风险。另外，付款方式虽然勉强可以接受，但是未来如果订单增加，压款的金额过大，风险同样会呈几何级数增加。可如今既然客户公司有新买手来跟进和处理，如果贸然越级，联系总经理，恐怕会得罪新买手，也会得不偿失。

多层为难的处境，一下子就暴露无遗。

三、新买手的考量

针对他的问题，我根据自己多年在海内外工作的买手经历，给他一些意见，让他知道，买手为何会提出这些要求，他们如何看待和思考问题。

第一，所谓的“一朝天子一朝臣”，没错。过去供应商跟客户公司合作良好，并不代表新买手上任，这层关系还能延续。说白了，新买手一定有老供应商，有用得很习惯、高度配合的老朋友，为什么非要继续下单给原先的供应商呢？有什么非下单不可的理由吗？

如果没有，对方找借口逐步把供应商替换成他信得过的、靠得住的供应商，也是合情合理的。所以在我看来，一个新买手上任，过去很多项目都会重新放出来询价，多家竞价，重新把老供应商清洗一遍，这是很现实的情况。从客户公司角度而言，这也是重新架构供应链，降低公司成本和分散风险的一个必要手段。

第二，新官上任三把火，有的时候，对于老供应商的敲打，往往是树立新买手威信的一个重要手段。否则某些老供应商，仗着自己跟公司合作多年，仗着跟总经理及其他高层熟悉，动不动越级汇报，动不动跳过买手，这让买手情何以堪？面子往哪里放？

所以哪怕新买手觉得这个供应商不错，想继续合作，但是必要的敲打还是要的，他需要立威，需要敲山震虎，让这些“老油条”认清现实，知道如今谁才是要打交道的那个人，知道应该拜哪座山头。

第三，新买手上任，必然要重新架构自己的团队，除重新整合供应链之外，还需要向公司证明他的能力和作为。比如说，自从新买手上任后，成功将原先的采购价降低了10%，成功将付款方式推迟了60天，这就是能耐，可以让高层赞叹，也是未来晋升的一个必要保障。

领导们觉得，这个买手很能干，可堪大用，未来说不定因为他这方面的成功表现，让公司的成本得到节约，让管理得到优化，让风险得到分散，财务报表就显得无比好看。买手因此升职到采购总监甚至更高职位，也不是不可能的事情。哪怕跳槽，在新东家眼里，这些可以量化的数字、漂亮的数据，都是最好的敲门砖。

第四，还有一种可能的情况存在。假设他有某个常年合作的老供应商，他跳槽后，想把项目合理转单给自己信得过的供应商，这也是有可能的。

很多问题并非表面上看得那么简单。好相处的人，不见得真的好相处；难相处的人，也未必真的难相处。这里面的原因可能很简单，也可能很复杂，所以跟新买手打交道，建议大家还是小心谨慎、如履薄冰的好。

四、供应商的应对之策

针对买手换人的情况，我对于供应商的建议主要有以下三点。

第一，针对买手提出的要求，做适当的让步。不管是付款方式也好，价格也好，都要在最初给予买手相应的让步，给买手台阶下，也让他可以在他公司里，证明自己的能力和作为，让他赚足面子。但我还是那句话，价格不能随意乱降，这里面有很多问题存在，具体的内容分析，请参阅本书第三章第三节“新买手上任，老供应商如何摆脱边缘化危机”。

第二，工作方面全力配合，不打马虎眼，不摆老资格。让他真实感觉到，你是真心实意想跟他打好交道，不是敷衍他，也绝对不会仗着自己是老供应商，就跟他摆谱。要用实际行动来证明，你会给他全方位的支持，只要他有任何要求，你方都会全力配合，给他减少麻烦。这种情况下，也让对方找不到可以敲打或者转单的合理借口。

第三，加强私底下的联系，在工作之外建立起一定的私人交情。我们中国人说，“礼多人不怪”。不是说非要送多少礼物，或者多贵重的东西，而是在工作之外，让对方能感觉到，你还是希望跟他建立一定的交情，愿意跟他做朋友的。比如逢年过节的问候，送他爱人和孩子一些小礼物，一定的礼尚往来，也能让对方觉得这供应商还不错，从而觉得不好意思，而打消清洗的念头。

多管齐下，渡过最初几个月的危机。大家彼此间熟悉了，后期的跟进和沟通，往往就比陌生阶段的博弈更好操作。

第五节　正确对待展会上搜集名片

我们一直强调，哪怕在目前电子商务大行其道的时代，展会依然是传统外贸行业获取客户的一个重要手段。毕竟网络的世界是虚拟的，很多东西如果在邮件中探讨，你就不知道在跟谁打交道，看到的只是邮件和文字。

一、收集非名片式信息

许多大买家、专业客户还是习惯于通过展会，看实实在在的产品，跟供应商面对面沟通。可如今有一个问题让许多业务员很头疼，就是很多买家来是来了，问也问了，样品和名片也带走了，但是当业务员请对方提供名片时，他们要么说用完了，要么说忘记带了，让业务员不知道该怎么往下接。

有些业务员或许思维活跃一些，当场拿起本子，请客户在上面写上他的联系方式，以便后续给他发报价单和相关资料，这也算是急中生智。

可是急中生智也不一定起作用，就是客户或许也不会买账，淡淡来一句："我拿了你的名片，有需要我会联系你的。"这让业务员无可奈何。因为在这一刻，或许客户在内心深处就已经判了你死刑，因为客户基本上是不会再联系你了，不会有下文了。如果客户真有兴趣，真有意向，留联系方式是很正常的事，不留联系方式只是委婉地拒绝罢了。

二、采购商为什么不爱给名片

其实在很多年前，情况并不是这样的。

那时候，电子商务没有如今那么强。

那时候，竞争对手没有如今那么多。

那时候，产品更新没有如今那么快。

那时候，客户要求没有如今那么高。

那时候，开发信没有如今那么泛滥。

那时候，找供应商没有如今那么容易。

……

在过去，因为信息的不对称，客户大多数都是通过展会来对接老供应商，来看看新产品，来了解一些新的技术和趋势，来物色一些值得合作的新供应商。这个过程很自然，买家也相对比较单纯，大家都是正当做生意的，不存在名片都藏着掖着的情况。说白了，若是不合适，那就可以正式写拒绝邮件，哪怕不回复，其实也算是一种回复。

可是如今，情况变了，信息爆炸时代来临，太多的信息都可以通过网络得到便捷和快速的传播。但是带来的严重后果，就是彼此间的不信任感反而超过了过去。各种垃圾邮件、开发推销信，也让许多客户觉得头疼。

更何况，还有一些比较过分的业务员，懒散随意，不动脑筋地通过软件群发开发信，给无数客户制造了让人崩溃的垃圾邮件，这才是让大量采购商反感的地方。

这就造成了如今的现实状况，只要不是老供应商，只要不是特别对眼、谈得特别顺利、合作几乎铁板钉钉的新供应商，大多数客户，尤其是大买家和业内的大客户，往往不想给名片，不愿意提供自己的联系方式，以免到时候邮箱被推销邮件塞满，实在是不胜其扰。

三、业务员为什么要拿到名片

可我们站在业务员的立场考虑，有的时候的确也有不少委屈。

原因很简单，展会上时间有限，不可能展示所有的产品和所有的优势、特点，有待于后续的跟进。客户经过展位，眼睛一扫，拿走一张名片，或许根本就不会有下文。但是如果业务员拿到了客户的名片，回头用心跟进，找到需求点，找到可以合作的切入口，这就是一个很好的机会。

功夫在舞台之外，机会是一点一滴地争取来的。

最令人难受的，不是业务员能力不行，不是产品不好，不是价格不好，不是不匹配客户的采购需求，而是没有展示的机会，没有证明自己的舞台。我们要赢得客户的信任，不一定就凭良好的第一感觉，或许大多数情况下，还是要经过一段时间的沟通，才能逐步取信于客户，让他看到我们的一个又一个闪光点，从而消弭一些误会，争取到一些机会。

所以没有客户的名片在手，我们就陷入被动，只要客户不主动联系，我们哪怕再想主动出击，都无从下手。

那针对这类不愿意给名片的客户，我们该如何想办法让对方给出名片，或者主动留下联系方式？

四、简单几句，打动客户

我的建议是，在几句话的沟通中突出个人的能力，让客户感觉到，或许应该给你一次机会。这里面，涉及一个很重要的理念，就是 Elevator Pitch，也就是麦肯锡电梯理论。总的来说就是，在很短的时间内，好比乘电梯的 30 秒内，言简意赅地把要表达的内容表达出来，征服客户，从而争取后续的详细谈判的机会。

展会期间，许多客户在展位上停留的时间，或许也就只有几十秒到一两分钟，能跟你谈的，或许也就只有寥寥几句话。所以你要在几句话里，打动客户，让他起码对你有不错的印象，从而愿意给你名片。

我想说，我们的思维要灵活，不能因为别人的拒绝而立刻放弃。要知道，别人拒绝你，很多时候都有理由。或许别人不会告诉你，但是可以通过试探来做大致的判断。大家还可以尝试采用谈判中的“大买家鼓励法”，通过跟大买家的合作案例，来给自己打广告和撑门面，但是又要掌握好其中的度，不能把专业弄成嚣张，适得其反的话，那就不好了。

拿到对方的名片和联系方式，其实只是万里长征的第一步。后面的路还长，还需要耐心和实力，需要付出和投入，才有机会把一些潜在客户转化为实在客户。

第六节　跟新客户协商模具费的四种思路

对于跟客户研究开模具，开发一款新产品，又或者针对客户需要的产品开模具定制，是很多业务员头疼而且畏惧的问题。不是开模具这个事情有多难，而是跟客户的谈判和沟通十分困难。

因为模具设计和开发需要一定的费用，甚至是很高昂的费用，很多时候一开口，就把客户吓跑了。业务员总觉得自己很无辜，这些的确都是实实在在的费用，没有任何夸张和注水，你也没有从中赢利，为什么客户总是难以理解呢？如果自己承担这些费用，万一客户不下单怎么办？或者下个小单以后消失了怎么办？这个损失，也是许多外贸企业不愿也不能承受之重。

我特别想要指出的是，开模具本身不是一个坏事情，而是好事情。一旦涉及开模具的问题，就等于给了你一个很积极的信号，客户对你的产品和公司有信心，对你的初步价格也满意，所以才会深入研究开模具的相关事宜和可行性，来定制他需要的产品。

其实这背后，我们可以提炼出五层含义，如图 4-3 所示。

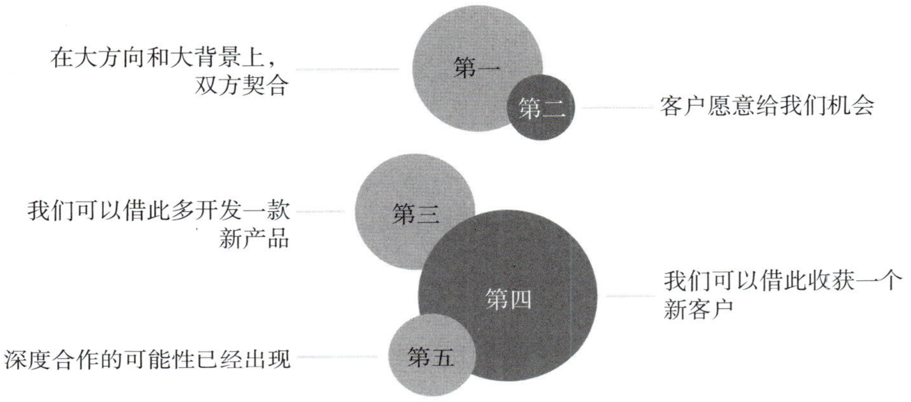

图 4–3 开模定制背后的五层含义（毅冰制图）

我们先撇开一、二、三、四不谈，直接看第五点，这是我们需要去衡量和思考的。设想一下，当客户花了无数的时间来跟你沟通和谈判，从前期的询价，到供应商情况的了解，到现有产品的品质和价位，到 quality sample（品质样品）的品质确认，一直到认为你是可以达到他要求的供应商，然后再到具体的开模具和定制产品，还有具体的时间和开发流程等，这一条线下来，一旦这个产品开发成功，第一个订单结束，大家都已经耗费了大量的时间、精力和金钱。

一、关于开模，端正态度

那试问，在双方都投入了大量的人力、物力和资金的前提下，客户会不会仅仅因为他发现其他供应商的报价低了 5 毛钱，然后就重新跟这家便宜五毛钱的供应商再花几个月甚至大半年时间，把这个流程再走一遍？甚至冒险再花钱去找其他供应商做一套一样的模具？这个概率是很低的。

说白了，只要开了模具，订单做起来，客户突然飞走的情况是很少的，因为双方已经被捆绑，在一条船上了。除非产品卖得真的太糟糕了，远低于预期，又或者客户的市场出现剧烈变化，这个产品突然被淘汰。我很难想到其他停止订单的可能性。价格或许是一个因素，但是除非相差很大，有极大的利益诱惑，客户或许才会抛弃现有的订单和模具，转向新供应商。

分析了这么多，只是希望表达一个观点，不要畏惧跟客户谈开模具的问题，这是一个好事情，是一个千载难逢的机会。这说明，好机会撞上来了，深度合作的机会来了，合作赚大钱的机会来了。一旦客户花了时间和钱开模具，那就不怕他飞了，否则他第一个订单可能就要亏本，因为高投入的问题。大家都是生意人，谁都会算这笔账。

但是大方向和整体思路清晰，并不代表就可以顺利达成共识。怎么谈，如何谈，背后还是有大学问的。我的建议是，做方案，探讨需求，了解客户背后的真实想法，分析目前的困难，双方一起找解决方案，平衡彼此的利益，分摊风险，解决彼此的顾虑。而不是随口开价，告诉客户开模具要多少钱，然后随手把问题扔给客户，让对方选择付钱还是停止项目。这是不负责任的，也无助于解决问题，只能把客户往你同行的怀里推。

大多数业务员在做的，其实就是这样的一个流程，给客户报一个价格，然后等待客户的决定。比如这套模具要15万元人民币，然后就把这个价格报给客户，让客户来决定是否付款，这个说服力是远远不够的。因为没有对客户的情况做切实有效的分析，也不了解客户的预期，更不了解客户的想法和顾虑。

我们假设，客户第一个订单的金额达到四五百万元人民币，利润在五六十万元人民币左右，在这种情况下，15万元人民币重要吗？根本就不重要，甚至都不用谈了，只要客户确认订单，这些模具费完全可以自己消化。

二、应对“小”订单、“大”模具费

我们假设，客户第一个订单的金额是50万元人民币，你的利润可能就在五六万元上下。这种情况下，15万元人民币的模具费，前期让客户承担多少，才能把订单谈下来，才不至于影响他的决策呢？这就需要通过谈判，来了解客户真实的想法。比如说，可以先让客户付8万元，你承担7万元，做起第一单，然后约定，未来订单金额达到多少的时候，可以退回这8万元。以此作为一个谈判锚点，来试探客户对于这笔费用的承受力，从而决定下一步怎么谈。

这才是有针对性的沟通，动了脑筋，而不是随便抛一个价格过去，催客户付钱，甚至连将来如何退款，如何分摊，什么都不谈，又或者像某些老板做的，在模具费上还想赚一笔，于是给客户报一个超级高的天文数字，直接吓跑客户，这就毫无意义了。

我曾经碰到一个老板，很有意思，客户需要定制一款小台灯，是给日本迪士尼定制的。这里面涉及7款小模具，总费用大约需要30万。但是好在客户第一单的数量就能达到12万个。其实在我看来，每一款灯的利润有两元多，哪怕客户不出一分钱模具费，凭借这个订单利润，也完全可以覆盖模具费。但是那老板自作聪明，先给客户报了一个超级高的价格，说模具费核算下来要80万元人民币，客户可以付30万元，他承担50万元，未来订单金额达到两千万美元的时候，这30万元可以退回。两千万美元是什么概念？这款灯的单价是6美元而已，订单数量达到三百多万个，才能退钱。

结果，他这自以为精明的方案，直接把客户推给了同行。因为同行比较实在，模具费不仅没多报，还少报了，报了25万元。因为怕失去客户，他还拍胸脯保证，客户只需要付1万美元的模具定金，开模具以后再确认样品，一旦正式订单下来，在付款的时候扣除模具定金，并表示希望将来能长期合作。客户一口气追加了两倍数量的订单，同行乐开了花。这是真人真事，两种不同的方案和策略，导致了两种不同的结果。

三、策略性谈判

我们再来看一个案例，是一个学员的亲身经历。

案例 4–5　面板灯的开模具谈判困境

这位朋友的客户是西班牙的，也勉强能算他的老客户，合作有一年多。客户之前采购的是他们一款尺寸为 220 cm 的圆形面板灯，一直都很满意，如今想要增加一个新品，做一款尺寸为330 cm的方形面板灯。但是目前他们只有圆形的产品，并没有开发方形的。但客户不接受这个解释，甚至明确要求，一定要专门做这款方形面板灯，否则连原先的合作也会停止。

于是，他跟经理商量这个问题，根据客户的要求计算定制的成本和费用。计算的结果是，如果要做方形面板灯，是需要另外开模具的，单纯的开模具费用，经理的报价是 1 万美元，还不算研发的费用。经理要求他给客户报价，1 万美元的开模具费用需要客户承担，后续订单数量累计达到 1 万个，返还 5 000 美元；订单数量累计达到 2 万个，就返还剩余的 5 000 美元。

但是客户的回复是，这个费用太高了，而且订单数量要求也太高了。这款产品的单价是十多美元，未来很难达到 1 万个的总量，更别说 2 万个了。客户认为风险很高，不打算继续这个项目，决定暂时搁置。

这位朋友就很纠结了，毕竟这个客户是他们在当地市场的一个重要客户，想以此为切入点，逐渐渗透当地的其他客户。客户也的确很有诚意，合作一年多，也十分顺利。如今若是因为新品的模具费用问题，让方形面板灯项目变得难以推进，客户转而把一揽子订单都下给同行，他们就会失去这个客户。他抓破头皮都想不出好办法，该如何说服客户？该如何说服经理？该如何平衡彼此的利益？

我相信这类问题，很多朋友都会碰到，都亲身经历过，甚至都有切肤之痛。想想也是，面对一块肥肉，想狠狠上去咬一口，结果肉没吃到不说，连自己嘴里现有的肉都掉了，真是心痛。

有些朋友看到这里或许会说："经理的思路没错啊！费用让客户承担，这是规矩，难道让我们自己承担？这不现实，客户要是订单少或者不下单呢？再说了，模具费只是暂时要求对方付款，未来订单数量达到要求后，还是可以退回的，这也很靠谱，并没有黑客户钱的意思。"

经理的思路，只能说有点小瑕疵，可以做得更加巧妙，可以让客户不至于因模具费过高而产生抵触心理。关键就在于，你如何谈，如何做方案，如何找一个让双方都可以接受的折中点。

下面就是我当初给这位学员的回复，文字上稍微做了一些编辑处理，基本保持原样，主要是为了给大家看一下我的思路。

案例 4-6　毅冰对于新开模具的谈判策略

在我看来，业务员的回复太生硬了，只是简单传达了经理的意思，根本谈不上是好的销售探讨，因为没有谈判思路，没有具体方案。

我强调了无数次，针对这类问题，做方案就行，我们要给客人提供选项，然后在这个基础上谈判和调整，从而达成共识。千万不要直接让客户做判断题，接受或者不接受，这容易把自己逼到死角，也让谈判难以进展下去，不是高情商的做法。

先来分析一下经理的思路，这本身就是很可笑的谈判思路。假设开发 330 cm 的方形面板灯真的如经理所说，模具费需要 1 万美元，没有注水，那好，既然你要客人完全承担这笔费用，是否意味着，你们不会把这个产品卖给除这个客人以外的所有客人呢？是不是就独家卖给他？

因为按照规矩，如果他出了模具费，哪怕后续你退回，也是因为数量达到一定要求，羊毛出在羊身上，在这种情况下，模具的所有权是客户的，不属于你们，你们没有权利给其他任何客户看这个产品，也不能卖。也就是说，不是你们共同开发一款新产品，而是客人出钱开发新产品，你们只是代工厂，没有任何自主权，产品开发成功，也不能给你们多增加一个新产品。这一点，必须完全弄清楚。

按照经理的思路来谈，也不是不可以，但是还需要多提供一份协议，保证给客户 exclusively（独家）供货，否则作为供应商，就要承担相应的赔偿，补偿对方的损失，这才是国际惯例。

但是谈判是否真的要如此一刀切呢？根本没必要，我说过，要做方案，要给建议，这才是业务员应该做的，要让客人做选择题而不是判断题。比如说，可以尝试给客户做几套方案出来，试探一下客户的反应，同时探讨具体的可行性。我随便举几个例子，可以参考一下背后的谈判思路。

方案 1：客人承担 1 万美元的模具费，但是供应商会在未来的订单中给予 refund（退款），可以按照不同的数量梯度，分几次退款。毕竟客人已经说明了，1 万个的数量太高，2 万个更加不可能，那梯度设置，就需要更加巧妙。另外还需强调，如果客人承担模具费的话，这个产品就是独家的，会独家给他供货，不会给任何其他客户看，也不会在供应商网站和产品样本上出现。哪怕是现成的老客户在公司样品间看到这个新产品，想要下单购买，都会征求他的允许，然后双方共享利润。

方案 2：双方共同承担这 1 万美元的模具费，可以 go half and half，也就是一人一半。但是未来订单数量累计到一定程度，还是会退款给客户。这样可以降低客户的前期成本，从而促进项目推进。

方案 3：供应商全额承担模具费，但是需要客人一次性下单 5 000 个（只是举例，准确数量要再核算），可以额外给他提供免费仓储，将产品暂时存放在工厂，减少客户的库存压力，未来只要一确认新订单和包装信息，就可以随时出货。

方案 4：供应商全额承担模具费，也不要求客人一次性下单多少，但是设计上要稍做改动，需要客人在欧洲注册外观专利，然后双方共同享有专利权，深度合作。作为回报，供应商在国内会专门请第三方机构根据欧盟标准，比如根据指令 EN 60598 对这个产品做测试，并申请 CE 认证，也会让客户公司共同列名，也就是用测试报告的 co-license（共同列名）换取深度合作。

这些方案都是可以谈的，可以具体问题具体分析，当然还有其他许多思路来做方案，目的就是一个，让双方绑在一条船上，进行深度合作，共同开发市场，共担风险，一起赢利。

而上述案例中经理的思维，还是停留在最基础的“买货和卖货”的阶段，就是“你要什么，我卖你什么；你要的我没有，我可以给你定做，但你要出钱”。这种思维真的还是太低级了，还是停留在 20 世纪 90 年代，如何在如今的外贸环境下，跟欧美和中国港台地区优秀的贸易公司竞争呢？

我想说的是，谈判的本质，是需求探讨，而不是给客户一个决定，让对方接受，这是没有意义的。也许有些客户会主动提方案，跟你探讨，但是大多数客户或许转头就走，甚至不再回头。

上面案例中的西班牙客户，因为是工厂老客户，还会主动解释他没法接受的原因，可如果是新客户呢？或许就会直接消失。

所以业务员的能耐和水平，很大程度上取决于思维的开阔和知识的积累。故步自封是一定没有前途的，会轻易被优秀的同行打败，从而彻底出局。

前阵子看到一句话，当这个社会淘汰你的时候，甚至都不会和你说一声再见。这才是真实的商业世界，不是你不好，而是别人更好，不是你不专业，而是别人更专业。

中年危机怎么来的？不是你到了中年，开始产生了危机，而是这个危机自始至终一直都在，只是你没去解决，你没有进步，25 岁的谈判策略，一直用到 35 岁还在用，这就是你的问题。所以到了中年，就理应被年轻人淘汰，被逐渐边缘化。

一个小小的开模具的案例，就能“窥一斑而知全豹”“一叶落知天下秋”。你在哪个阶段？你的谈判水平如何？你的思维格局如何？通过这两个案例，自己对号入座，对比一下吧。

第七节　再也找不到跟进客户的理由怎么办

我们常说，跟进客户不能是简单的 push（催促），而需要有理有据。每一次的切入，都应该言之有物，具有艺术性，要有契机，要有内容，要掌握火候，要避免让客户有任何的不舒服。从内容到时间点的把握，都应该是严格推敲过的，背后有一整套缜密的逻辑。而不是今天想到了，写封邮件问一下，明天没事情，发个短信问一下，后天吃饭时，打个电话问一下。

这是很无聊的做法，因为没有任何的预案，根本是没话找话说，怎么可能会有好结果呢？哪怕真有好结果，也是本来就有订单，只是正巧撞上而已，不是你的跟进水平多出色，谈判技巧多高明。

但是有朋友就有疑问了，如果客户明确表示，需要时间去比较和考虑，或者这个项目如今是 pending（搁置）状态，暂时不会有进展，这种时候要如何找借口切入呢？各种方法都试过了，新产品推了，老产品报价更新了，节日问候也都发了，该问的不该问的也都问了，现在客户又是一个多月没有任何反应，该怎么办？

我还是那句话，动脑筋，找出路，办法都是人想出来的。

一、毫无诚意地献殷勤

这里先来看一个反面案例。

案例 4-7　完全不对口的参展介绍

有个朋友开发一个新客户，已经沟通了好几个月，从产品到样品、价格、付款方式，什么都谈了，什么都聊了，但一直没有太大的进展。他平时跟进客户，也是各种思路都尝试，比如发节假日问候、用样品突破、新产品推荐、交货期管理，什么都试了，但是依然没有任何进展。

后来有一次吃饭时聊起，他说回头还要跟进一下客户，不知道这次会不会有意外之喜。我随口问了一句："如何跟进？这次用什么理由呢？"

他说："最近公司计划去日本参展，老板要我再跟进一下客户，表示我们公司很有实力，能去国外参展。我决定以此为借口，告诉客户参展的情况和具体展位号，邀请客户过来。哪怕客户不来，也没什么损失，这也是一个联系的点。"

我问："客户是哪里的？产品对口吗？"

他回答："美国的。客户询价的是家居礼品，我们这次去日本参加的是工具类的展会。"

我听了无奈地说："你邀请采购礼品类产品的美国客户，飞过整个太平洋，来日本看你们的工具类展会？你觉得这合适吗？有可能吗？要不要这么脑洞大开，挑战不可能啊？"

他连忙否认："不是不是，我也知道客户肯定不会来，只是作为一个跟进的借口而已。更何况，老板要求，必须通知所有客户，表示我们公司实力很强，经营得很好，经常会去国外参展。"

我只能跟他分析，这是馊主意。首先，产品不对口，你只会让客户觉得，你的邀请毫无诚意，或者对他的行业毫无关心，只是为了推销而推销，为了宣传而宣传，这不仅没有效果，甚至有可能引起客户的反感。其次，专门的邀请，在西方人看来，应该是经过深思熟虑的，不能让对方有负担，所以无谓的邀请，只能让对方躲着你，不回复，这达不到初衷。最后，无效的广告不仅起不到任何作用，反而容易让人觉得你不专业。

二、两全其美的跟进法

在我看来，这件事情，完全可以有两全其美的办法，既让客户知道，又不用主动推荐或者邀请，还可以完成老板和公司的要求。

案例 4-8 点到为止的渗透营销

这个开发客户的小技巧，说穿了一点都不难，无非就是做一个渗透营销，不需要拿着喇叭喊，让众人皆知，而是在不经意间，稍微点一下，让大家可以关注和留意，但又不引起人强烈的反感。

我的习惯做法，就是在邮件的签名栏里加一句话，只是一行小小的字，告知一下展会的时间和具体的展位号，这就可以了。

很多事情点到为止，不需要过多地推荐和说明，仅仅为了一个跟客户没什么关系的展会，特意给客户发一封邮件，意义根本不大。但是如果不特意强调，那就变得很自然，有兴趣的客户自然会询问。

比如说，这句话可以这样写："Kindly note we will attend the xxx Fair from 7/4–7/11, with booth No.C–279."这就够了。说多错多，不解释，不推广，反而是在角落里加一小句话，摆一下姿态和气度，说不定就有意想不到的结果。

当然，很多客户或许没有看到，或者根本不会注意，这很正常，没什么大不了的。我们这里需要思考的，其实是一个匹配度的问题。如果供应商要去参加的是工具类的展会，而客户也正好是工具类的采购商，那么签名里加一句话就是远远不够的，而需要真正地向客户介绍这次参展的展位、产品、主题，找机会约客户见面等，这就是另外一个课题了。

只有当展会和客户并不对口，并不匹配，而我们又想适当展示一下能力，打个广告，这样点到为止、渗透式的营销，就完全可以了，不至于过犹不及。

我们再回归这一节的主题，再也找不到跟进客户的理由怎么办？这个问题还是没有解决，如何去跟进客户呢？当所有的方法都尝试了，都用完了，找不到可以跟进的理由和借口了，如何再进行不让人感觉到骚扰的“骚扰”呢？

其实还是有很多方法的，我这里举个例子吧，可以制造一个巧妙的通知邮件。具体如何理解和操作呢？我们可以看一下案例。

案例 4–9　通知邮件的巧妙切入

针对这类情况，我或许会这样写一封邮件。

Dear All,

Sorry to inform you that I will be on business trip from May 21st to 26th. And your emails will not be replied periodically.

Please call my mobile phone(+86–139–6789–xxxx) directly for any urgent or important issues.

Thanks and best regards,

Yibing

感觉上，这封邮件好像是发给所有客户的，其实你仅仅就把这一个客户放进了密送栏，他也看不到任何的其他收件人，不管存在还是不存在。

这也算是没办法中的办法，找一个借口继续切入，也让客户感觉到你的专业细致，生怕因为“出差”而影响客户的事情，所以事先告知，也是从细微处巧妙展示了一下专业素养。至于上面说的，如果接下来要参展，而这个展会跟这个客户的关系不大，那么只需要签名栏里带上一句话，这就足够了。

至于出差，是真的出差吗？这就不重要了，虚虚实实，找到跟进的借口，这就够了，不是吗？

这里面的玩法还有很多，大家可以脑洞大开，自己构思新的技巧和手腕，找新的机会和理由去突破，但又不能过于生硬。

点到为止，巧妙渗透，这种火候的把握，才是跟进客户的功夫和技巧所在。

不催，其实也是一种催促，就看你怎么做了。

第八节 一流的服务，往往在过程和危机中体现

什么样的服务，才算是一流的服务？我相信很多人都有不同的理解，都可以说出一大堆的案例。

有人会说，第一时间解决客户疑问。

有人会说，把客户当成上帝来服务。

有人会说，让客户感受到宾至如归。

有人会说，不能给客户怠慢的感觉。

……

一、口号再响，不一定好用

上面的说法，也对也不对。因为这些都是方向和口号，其实认真思考一下，都是很空洞的。大多数时候除了让自己暗爽一下，并没有真正解决任何问题。话说得慷慨激昂，牛吹得大义凛然，可对实际工作其实并没有什么大

作用。说难听点，你自己说的话，或许你自己都不信，都无法说服自己，又如何让客户信任，让客户感同身受呢？

哪怕你跟客户强调 100 遍，我们公司的 good service（良好服务）；哪怕你把“给客户提供一流服务”当成公司口号和标语，贴在墙上甚至电脑上；哪怕你不断营造自我心理暗示，一次次告诫自己，要给客户提供最好的服务，但很抱歉，这缺乏可以量化的东西，效果一定是很糟糕的。这不是老板开一个高层会议，或者组织一场培训，就可以有立竿见影的实效的。对企业而言，服务这种体现软实力的东西，其实非常考验管理者的水平。

二、量化服务指标

每家公司，每个主管，都不能指望每个业务员都有高智商、高情商，都能游刃有余地处理好各类问题，都是服务意识极强的，都有五星级酒店的服务水平，这不现实。在外贸行业里，需要业务员的自身意识觉醒，开眼看世界，了解自己跟顶尖业务员的服务水平的差距究竟在哪里；也需要企业和主管们把如何做好服务进行具体量化，在工作中严格落实和执行，跟绩效考核挂钩。

这就好比如今的五星级酒店之间，硬件差距已经变得不大了。你造无边泳池，我也可以；你用好的床垫、好的卫浴产品，我也可以；你请一流的室内装修大师来做软装，我也可以。既然如此，酒店与酒店之间，如何显示出差异？如何细分市场？如何吸引更多客户来支付高溢价呢？

归根到底，就是通过服务，通过软实力的渗透，让顾客产生好感，产生黏性和依赖性，对于酒店的服务有独特的感受，进而为将来的重复消费奠定基础。

案例 4-10 迪拜 Armani 酒店的独特定位

2017 年的时候，我去迪拜旅行，当时体验了不少当地的顶级酒店，比如赫赫有名的 Burj Al Arab Hotel（帆船酒店）、Atlantis The Palm Dubai（迪拜棕榈岛亚特兰蒂斯酒店）和 Armani Hotel Dubai（迪拜阿玛尼酒店）。

这三家酒店都是奢华酒店，但是定位是不一样的。帆船酒店在外的宣传足够到位，本身的外形也足够酷炫，加上每个房间都是奢华套房，对标的是其他奢华酒店的总统套房的标准，以七星级酒店自称，突出定位上的差异，来造就高溢价。亚特兰蒂斯酒店在棕榈岛的尽头，位置、视野绝佳，再加上拥有巨大的水族馆，这是独一无二的特色，定位是沙漠中的海洋。

那阿玛尼酒店呢？坐落在赫赫有名的迪拜最高建筑 Burj Khalifa Tower（迪拜塔）内，可以去登顶观光，可以去楼下的商场购物，酒店内部从装修到用料，都十分考究，但又没有任何的富贵或者华贵的气息，无时无刻彰显的都是低调的奢华。

房间内所有的电灯、电视、窗帘以及 room service（客房服务），全部都可以在一部 iPad 上控制，非常智能化，符合年轻人和商务人士的需求。

迷你吧，所有的饮料和小吃全部免费，这就已经很惊人了。因为提供的东西都非常高档，比如水和气泡水，是意大利的 San Pellegrino

（圣培露）；碳酸饮料有多种，从原味到低糖、无糖，一应俱全；果汁是奥地利大牌 Rauch（劳和）；还有美国的果仁、法国的薯片、德国的小饼干，通通免费。更重要的是，随时可以补充，如果不够喝，打一个电话，立刻有客房服务人员给你补全。平时你出门的时候，打扫房间的服务员也会给你补全饮料和食品。

咖啡机，是高端版的 Nespresso（奈斯派索），配上多种口味的咖啡胶囊，也是随时可以补充的。赠送的巧克力是阿玛尼自家的品牌 Armani/DOLCI。这个牌子的巧克力，在香港的零售价是 60 港元一颗。酒店一送就是八颗，第二天开始，每天也会补充六颗。

洗漱用品，全是阿玛尼自家的大瓶装，实在是超级好用。我当时还问打扫客房的小哥，能否买几瓶带回去。小哥二话不说，拿出两瓶洗发水、两瓶沐浴露、两瓶身体乳送我，每一瓶可都是实实在在 200 毫升的大瓶装。若是按照商场的销售价格，这些都价值几千块了。

还有牙刷、牙膏，是很多酒店为人诟病的地方吧？包括一些奢华五星酒店，也会在这上面节约成本，用一些廉价的牙刷、牙膏。但是迪拜阿玛尼酒店就不同了，直接给了一个洗漱包，牙刷、牙膏都是意大利顶级品牌 Marvis（玛尔斯）；剃须刀是吉列的定制款，剃须液是德国原装的 Nevia；还有各种棉签、化妆棉等，不管是你想到的，还是没想到的，都给你贴心准备好了，甚至可以打败阿联酋航空头等舱的洗漱包配置。

对了，还有拖鞋，是黑色丝绸的，符合阿玛尼品牌的定位和主色调。还有工作的书桌上，所有的笔、信笺纸、信封、各种文具，都是品牌的专属定制，十分高档。

上面的这些还都是硬件部分，我相信只要你肯花钱，很多东西都是可以得到的，并不是非常特别。真正让消费者心甘情愿支付品牌溢价的，是深入、细致的服务。他们从来没强调过 good service，但是服务渗透在具体的工作中，构建了强大的软实力。

比如说，办理入住的时候，会有专人直接带你去房间办理，不需要在前台等候和排队。所有的刷卡、证件登记等流程，都是进房间后再办理，顺便再给你介绍一下房间的所有细节和设施的各项功能。一些名人或者明星也不致于滞留在前台，而造成隐私的泄露。

比如说，酒店有一个长廊可以直通迪拜塔的购物中心，会有专人负责帮客户开门。购物回来后，也有专人在迪拜塔的通道口接你，帮你提行李，送你到房间内或者陪同你一起回酒店。

比如说，酒店的早餐服务很细致，你第一天坐哪个位置，喝的是咖啡还是红茶，都有专人记录。等你第二天一早过去，就有人问你，是否坐上次的老位置，是否还是喝一样的茶或咖啡，甚至还可以叫出你的名字。

比如说，退房的前一天晚上，就有员工把所有的账单打印好，放在信封里，通过门下的缝隙塞进你房间，里面详细列出了账单明细，如果账单无误，你可以不去前台退房，到时直接将房卡留在房间里后离开就行。如果需要延迟退房，可以打电话向前台提出要求。

各种优质的服务，真的是做得体贴入微，还可以列举出很多。这就是为什么我特别喜欢这家酒店的原因所在。好的酒店见多了，金碧辉煌的城市酒店和高档大气的度假村都见多了，没有太多稀奇和特别之处，可唯有这种极好的服务，超脱于大量的高档酒店，做别人做不到的，把别人能做到的优化，才会真正深入人心，让客户一直记着，心心念念下次继续光顾。

一流的服务，一定是在过程中逐渐展开、逐渐深入。这不是一句口号，而是实实在在的“润物细无声”，让客户有感，让客户信任，让客户依赖。

三、量化外贸工作考核指标

对于外贸工作而言，我个人以为，至少需要做到以下三点，才能称得上真正的一流服务。

（一）制定 SOP，通过标准作业流程来量化服务细则

SOP 就是 Standard Operation Process，标准作业流程。

每个业务员的情况不同，能力不同，为人处世的态度不同，甚至积极性和情商都不同。要让这些不同的人都尽可能具备强烈的服务意识，单纯靠培训和口号是不够的，要制定标准作业流程，让具体的工作过程可以拆解、细化、量化。

案例 4–11　关于标准作业流程的举例

什么是标准作业流程？就是大家按照规则来执行工作，不需要加入更多的思考，只需要照章办事。如果有疑问，再根据具体情况向上级申请，看如何修改和调整，以及是否能加上自己的理解和想法。

标准作业不能保证万无一失，但是可以最大限度减少失误，特别是对于新手，可以避免经验不足造成的问题；而对于老手，则可以避免经验主义带来的麻痹大意。

比如邮件环节，必须在 12 个小时内回复，哪怕仅仅只是一个 quick reply（快速回复，详见拙作《外贸高手客户成交技巧 2：揭秘买手思维》）。

比如样品环节，现有的样品需要在 3 天内寄出，专门打样需要在 7 天内完成。

比如订单环节，收到客户订单确认后，需要当天做好 PI，签字后发给客户。

比如付款环节，一旦款项到账，必须给客户发一个确认信息，表示正式收到，感谢客户。

比如售后环节，在碰到任何投诉的时候，都有一整套的危机处理和应对策略，不至于进退失据，让客户不满。

比如接待环节，需要事先咨询客户的行程，安排车辆和接待人员，甚至细化到车辆大小，能否装下行李，午餐和晚餐如何安排，每一段接驳路程如何衔接。

总之，要把自己当成客户的首席秘书，让客户怎么舒服怎么来，怎么方便怎么来。最理想的状态，就是让客户无比依赖你和信任你，通过一流的服务，让客户什么事情都交给你来完成，这才是价值的体现。

（二）强化危机公关，在危机中重塑服务和形象

2018 年，我去南京出差。当时通过万豪官网预订了南京圣和府邸酒店。我相信大家都知道，大多数酒店，哪怕是可取消的房型，一般也都要求在入住 24 小时前取消，否则就视为确认入住。一旦到了入住当天，自然是不可以取消的。

这家酒店，官网上的条款是写得清清楚楚的，如果没有提前一天取消，就需要扣除第一晚房费作为补偿，直接从担保的信用卡中扣除。

我当然明白酒店的政策，也完全理解。因为一旦到了当天，突然不去入住，选择取消订单，酒店的房间或许就会空置浪费，不一定能立刻有别的客户订房。因为我是万豪的白金会员，酒店还事先询问了相应的要求，从房间到楼层选择，到水果和欢迎礼物的准备，还有婴儿床和婴儿用品的布置，都提前准备好了，这一系列的安排都是有成本的。

而当天下午因为孩子突然生病，我临时通过官网取消预订，也对酒店表示抱歉，同意支付 no show（未入住）的费用，毕竟是我违反了条约。可酒店派了客户经理专门打电话了解取消的原因，对孩子生病表示慰问和抱歉，询问是否可以撤出事先准备好的婴儿床和相关用品。更重要的是，酒店方表示，这次是意外，相信我绝对不是故意的，不会扣除我信用卡担保的第一晚房费，希望我将来去南京的时候，还可以继续考虑入住圣和府邸酒店。

我还能说什么？就凭他们的服务，在危机中对客户感同身受，不被所谓的“政策”和“公司规定”束缚，为客户着想，灵活调整，不收取这一晚房费，

反而赢得了我的信任和尊重。我未来会继续选择这家酒店，甚至会通过朋友间的信息传递，给酒店营造良好的口碑。这不就是将危机转化成机遇吗？

这本身只是一件很小的事情，但是背后的服务意识和具体的执行策略非常了不起。

（三）服务客户不是上法庭辩论，无须争论对错

外贸业务员要做的，是服务好客户，设身处地为客户解决和处理问题，展示自己的优势和专业，而不是给客户制造更多的问题。这考验的是灵活应对的能力，以及为人处世的眼光和技巧。

有个学员曾经给我留言，说客户的订单老早就确认了，一切细节都谈妥了，但是客户在出货前突然提出新的要求，要修改外箱尺寸和内盒包装，甚至威胁若不能满足要求，就取消订单，会选择弃货。她认为，提出要求没问题，可改动涉及成本，客户又不愿意承担，不愿意增加预算，她觉得客户又无理又无耻，不知道该如何应对。

拒绝？当然是正当的，但是担心会让客户不快，从而影响将来的合作。

接受？那就吃了哑巴亏，明明不是自己的问题，却要为此承担费用，影响现有的利润。

因此她觉得左右为难。

其实这类问题，对于大多数业务员来说，都是很常见的。而我看待这类临时修改订单细节的情况，都是从利益角度来分析。说白了，客户增加了一个需求，改动外箱跟内盒，不一定是一开始故意不说，耍着你玩儿，或许就是临时突然发现新的问题，希望可以做改动。

所以在我看来，这时候需要衡量的是，如果配合客户做这个事情，我们需要付出多少，订单会不会亏损，如果不会亏损，无非就是利润少一点，那

当然就要配合客户，按要求改好，完成客户的要求。

大多数客户都不傻，他心里难道不明白，这是他的失误吗？他当然知道，只是谁都不想承担费用而已。也许他也是打工的，是买手，如果承担额外的重做外箱和内盒的费用，那就说明他失职了，他难以对他上司和公司交代。这时候，如果我们可以帮他解决这个问题，消弭可能出现的麻烦，他自然能感受到我们的专业和配合，也能明白我们对于他工作的支持。

很多业务员都会说："我们产品好，我们服务好。"但是一碰到问题，只会公事公办，客户要改动，那就涨价，结果客户威胁取消订单，于是不得不妥协。这种业务员，真的就没什么谈判能力和手腕，也很难积累好客户，因为他的信誉在客户眼里不值一提，说过的话可以随意反悔，涨的价格又可以随便降回去。

这就变得没有任何立场，朝令夕改，说的话在客户眼里没有价值，根本没有好的服务去维系客户的黏性。

所以我们做生意，归根到底，是让双方获利，让彼此对合作满意。这才是真正的目的和方向。哪怕客户错了，又如何？这不是上法庭，不需要辩论对错，你辩赢了，争了一口气，可是对方或许因为没有台阶下，脸上挂不住，从而再也不和你打交道。谁输？谁赢？谁知道呢？

一流的服务不是嘴上说说的，是出了问题后，在解决的过程中逐步体现，让客户感同身受的。

回归上面这个案例，在我看来，当客户突然提出新需求，需要改动包装的时候，不要想着去跟客户辩论谁对谁错，不要逼着客户承认是他的问题，要他承担一切费用和损失，这没有意义。你赢了面子，但或许输了未来的合作和订单。可如果你可以帮客户解决这次的困难，没二话，不抱怨，这才是一流的服务。

四、贴心赢得信任

写到这里，我又想到了年初在三亚度假的一个小插曲。

案例 4–12 从失望到彻底改观的缘由

当时我们入住三亚瑞吉酒店，我满心期待酒店能看在我是白金会员的面子上，给予房间的升级。可是跟几年前一样，酒店依然没有给任何升级，别说升别墅了，就连套房也没有升。

很自然，我嘴上不说，心里还是会抱怨这家酒店小气抠门，一点都不爽快，不像澳门瑞吉和上海瑞吉那样，一出手就给我升级了一个景观视野最好的大套房。

我们为人处世，最怕的就是比较。当多家酒店都对于白金会员特别慷慨的时候，偶尔碰到一家不给予任何升级的，我心里面总不是滋味，觉得吃亏，觉得不受重视，甚至决定下次再也不来了。

可后来的一件小事情让我彻底改观了。那天晚上女儿突然咳嗽得厉害，但凌晨时分根本没有任何地方可以买药。致电管家的时候，他当即表示让厨房立刻安排，给孩子专门炖一份冰糖雪梨，且没有收取任何的费用。

不是我想占这个便宜，而是明明菜单上没有的东西，对方会为了你，在半夜的时候专门找厨师帮忙制作，并没有打官腔，让你自己去医院，或者礼貌地说一句："抱歉，酒店没有这道甜品。"所以这一件事情，足以让我忘记其他所有的怠慢，这就是这次入住最大的惊喜和亮点。

这段经历给我的感触是，有的时候客户或许对你不满意，跟你合作，只是矮子里找高个儿，或许只是无奈之下的选择。其实他内心深处对你哪怕谈不上厌恶，也绝对没有太多的好感。可在合作的过程中，哪怕某一件事情，你做得特别好，用心为客户解决问题，就有可能彻底打动对方，让他对你和你公司改观，让他抛弃过去对你的一切成见，真正变成黏性很高的忠诚客户。

产品或许类似，价格或许接近，不一样的，是服务客户的人。

第九节　定金的完美比例

从我们进入外贸行业的那天起，我们就从前辈和老板那里得知，跟客户谈付款方式时，尽量做 T/T（电汇），因为相对信用证来说更方便，而且要收取定金，这是为了规避风险，以免客户随意取消订单，给公司带来损失。

甚至大家还有一个不成文的规定，付款方式要采用“收取 30% 的定金，余款见提单复印件付款”，写成英文就是“30% deposit, balance against the copy of B/L”。很多朋友谨守这条规则一直到今天。除非客户有特别的付款方式要求，再谈判外，大多数情况下，前期的沟通，都是用这个条款作为谈判的基础锚点。

我一直认为，一直这样做的人，不一定就能把理由说清楚。知其然，未必就知其所以然。比如说，什么样的定金比例才是最完美的？为什么国际惯例是 30%，不是 20%，不是 25%，也不是 40% 或者 50%？

这里面究竟有什么讲究？还是碰巧用了 30% 这个数字，然后一直沿用至今？

一、常规订单的定金比例

根据我个人十多年的外贸经验，在许多欧美企业中，一般而言，10 万美元以下的订单被称为 regular order，也就是常规订单。因为这类订单是针对大多数产品的。比如袜子、手套、杯子、文具、小礼品等，散货也好，整柜也好，除了一些大订单外，许多客户的常规订单，因为单价的限制和数量的限制，基本上都稳定在 10 万美元以下。

这一类订单，在国际贸易中不大不小，很多客户跟我们一样，他们也会怕麻烦，也不想制造各种额外的工作，也会觉得谈付款方式和开信用证太复杂，往往会接受 T/T 这样的付款方式，并且支付部分的定金。

为什么要付定金？就是让供应商吃颗定心丸，表示客户不会随意违约，不会随意取消订单，万一取消了，这个定金是不退的。这样的话，供应商才会放心购买材料，进行生产。虽然说客户也有可能取消订单，只是这么一来，客户损失了 30% 的定金，而供应商前期也会产生各种成本，定金正好用来贴补，哪怕不够，那损失也是可控的。

至于常规订单的定金为什么是 30%，也是大家在实践中不断寻找的一个平衡点。若是定金太少，供应商心理负担会很大，风险也会提升。一张 5 万美元的订单，或许供应商购买材料和前期成本就要差不多 2 万美元，如果收取 30% 的定金，哪怕订单有变故，出现了最坏的情况，损失也会相对可控，不至于伤筋动骨。

可如果定金比例过高，比如 40% 甚至 50%，这样买方的风险就会不断走高。万一供应商倒闭呢？万一供应商跑路呢？万一供应商是骗子呢？万一供应商不靠谱，定金收了，但是做出一批烂货，又不愿意重做呢？存在各种问题，让客户也有很大的顾虑和心理压力，一旦付了过多的定金，自己的主动权就没了，只能任由供应商摆布。

所以30%这个数字，不是教科书上规定的，而是在这么多年的国际贸易中，大家在实践中不断摸索，能够让双方都接受的一个折中点。

二、大订单的定金处理

既然有regular order，那就一定有heavy order，也就是大订单。假设一张订单，客户要买机械设备，金额是120万美元。这种情况下，怎么办？还是按照常规的谈判思路，收取30%定金吗？

这就很难，因为任凭客户多信任你，大订单直接支付30%的定金，都是一件风险很高的事情。试问，120万美元的订单，直接付36万美元给供应商，客户怎么知道供应商会不会吞了这笔钱？常规订单的金额只是几千或几万美元，或许你不会动这个心思，老老实实做生意，可一旦碰到大单，定金高达几十万甚至几百万美元，你还能不动心吗？就算你能保证，你公司欠一屁股债的时候，这么大一笔钱进来，老板会不会卷款跑路，谁都难以预料。

而客户同样会有各种顾虑。因为这个订单涉及的资金太多了，定金的比例太高，金额太大，他会觉得很不安全，甚至会触发银行的风控，银行会要求客户提供更多证据，来证明交易的安全性，甚至建议采用信用证等其他付款方式，来尽可能规避风险。

所以碰到大单，就不可以采用30%的定金这种一刀切的付款方式了，而要根据具体的情况，跟客户研究如何平衡彼此的利益，做一整套组合方案出来，从而打消彼此的顾虑，让项目可以推进下去。

案例 4-13 毅冰对于大订单的付款处理

我曾经做过一个德国客户的订单，产品是户外使用的编藤桌椅套装，一个订单的金额就高达 340 多万美元。如果按照 30% 的定金，让客户什么都没看到的情况下，先支付 100 多万美元给我们，然后等我们生产和出货，这是不现实的。

我当时跟客户研究的就是支付 5% 的定金，然后我们开始备料。备料完成后，提供相应的图片和视频，证明材料已经到位，客户也可以委托第三方对材料进行验收，然后再支付 10% 的货款。我们正式生产后，当生产进度达到 1/3 时，客户再次安排第三方做 DUPRO inspection（During Production inspection 的简写，表示“产中验货”），确认 1/3 的货物已经生产完成，生产还在进行中，一切顺利，然后再支付 10% 的货款。

订单完成 80% 的时候，客户安排第二次 DUPRO inspection，这时候，第三方的验货员可以看到，大部分的货都已经完成了，只剩最后 20% 左右，供应商的确没有撒谎，一切都在有序进行，客户再支付 10% 的货款。

到这个时候，客户总共支付了 35% 的货款。接下来等到货物全部完成，同时至少 80% 已经包装完好，客户再安排第三方机构来做 final inspection（最终验货），确保货物的品质没有问题，数量同样无误，然后再支付 15% 的货款。

最后 50% 的货款，等出货后提供提单复印件给客户，证明这些货都已经发出了，已经在海上了，客户再支付。

这个案例，其实真正的定金比例是多少？不是 30%，而是 5%，因为订单金额过高。但是我用了一整套方案跟客户谈判，切分成几个步骤，逐步付款，来打消客户的顾虑，也减少我方的风险。

事实证明，这个订单完成得非常成功，在大家都不想操作信用证的前提下，最终还是可以平衡双方的利益，控制风险，画上完美的句号，也让彼此的信任跟合作更加稳固。

三、小订单的操作思路

既然有大单，那自然还有小单，还有试单，甚至样品单。我们的疑问是，小单的定金该怎么收呢？比例还是 30% 吗？

我的答案是，看情况，具体问题具体应对。

比如一张订单的金额只有 600 美元，我们是不是该按照规矩收取 30% 定金，也就是 180 美元呢？还是说本来就是小单，客户也不会介意，要不收取 50% 的定金？

其实不应该这样思考问题。不管你收 30% 还是 50%，甚至 80%，这都不重要，因为你不是为了赚客户这么一点点钱，而是要放眼未来的布局跟合作。

定金只是定金而已，是为了订单考虑的。600 美元的小单，需要考虑定金收多少的问题吗？究竟收 180 美元还是 240 美元，真的毫无意义，没必要在这种细枝末节上浪费时间。

我的建议是，就按照规矩给客户做 PI，30% 就 30%，没必要做任何调整，只看客户的反应。如果客户觉得，这么小的订单安排定金太麻烦，可以一次性付款，预付全款或者见提单复印件付全款，那么可以按照客户的意见做，没必要因为这些小事情想来想去，时间成本太高了。

虽然说不收定金可能会有风险，万一客户取消订单，不是有损失吗？那是自然的，做生意怎么可能没风险呢？就像我们走在路上，都有可能被楼上扔下来的东西砸到，都有可能踩到坑里，太正常了。

我们要做的，只是评估这个风险是否可控，仅此而已。如果最坏的结果，你都可以承受，那有什么大不了的呢？一个小单，哪怕取消，又如何？你总不至于这么倒霉，一个月接了七个小单，都莫名其妙取消了吧？

所以我认为，小订单的处理，其实可以灵活一些，根据情况来变通，也可以根据客户的反馈和需求来调整。关键是通过小单向客户展示自己的专业，通过效率和服务赢得客户的依赖，从而争取长期合作，争取更多的 regular order 和 heavy order，这才是目的。

说难听点，一个 600 美元的订单，别说定金部分了，哪怕利润是 10% 或是 30%，我都不介意，因为这个不重要，不就是吃顿饭的钱吗？我们做小单的目的，不就是为了让客户感受到我们的高度配合，我们是非常对口的合作对象，跟同行完全不同吗？小单本就是用来做口碑的，口碑好了，客户满意了，大单还会远吗？

所以操作小订单的时候，定金的处理更要灵活，要根据具体情况和客户的反馈做相应的调整。千万不要用公司政策来搪塞客户，强调因为公司的规则，所以没有办法改动定金条款。说难听点，规定是死的，人是活的。你若是连这么一点小事情都没权力做主，又如何让客户相信，你是靠谱的合作伙伴呢？如何让客户认为，你是业务员或者业务经理，而不是传声筒，不是客服人员？

四、一个小插曲

再补充一个小插曲，有个美国客户很有意思，虽然是专业买手，但是学过设计，特别吹毛求疵，吊牌或者包装上的细节，哪怕有一点点违和感，哪怕一个字体有点小差异，他都可以立刻挑出来。这就是他的职业病，不是故意苛求，而是一个本能的自然行为。

就好比我平时看很多学员写的英文邮件，标点符号后面少一个空格，我就会无比难受；段落之间缺少空行，看起来不够明晰，我就会很反感；随意乱用缩写，大小写也乱七八糟，我就会觉得这个人很不靠谱。这也是我的职业病，每个人多多少少都有些怪癖。

至于这个美国客户，其实前期沟通都很愉快，除了细节上特别讲究，样品确认多次外，为人还是相当不错的，很好沟通，也很专业。他下第一张太阳能灯订单给我的时候，我给他设置的定金比例是38.2%，余款见提单复印件付款。

当时他很好奇，还专门打电话问我："为什么是38.2%这么奇怪的定金比例？不应该是30%吗？或者你想多收一点，40%也无所谓。"反正订单金额也不大，他完全信任我，定金比例不是问题。

我的答复是："我信奉Golden Cut（黄金分割），1：0.618是最美的比例。而0.618就相当于61.8%，你用这个数字支付余款，岂不是最好的结果？所以，我设定了余款的比例是61.8%，那定金的比例就是38.2%了。"

他开怀大笑。

第五章

风控始于起点

成功，不争一朝一夕，

而是长期的过程。

你未来能走多远，

不归功于你做成了多少事，

而是少犯了多少错。

千里之堤，溃于蚁穴。

让风控始于起点，

无惧风浪。

第一节　把电话谈判的内容落于纸面

我们常常说："口说无凭，要白纸黑字才能算数。"这也是合同存在的原因。

每个步骤，双方要相互认可，要相互理解，以免未来发生纠纷，或者有人有心使坏。在商场上，这就是风险控制，就是防范于未然。

虽然说，从法律角度上看，口头承诺也是承诺，也受法律保护，这是没错的，可难就难在，很多事情，哪怕你能说出个所以然，还是要拿出证据来证明。如果你声称这件事情对方在电话里答应过，可对方却说自己从来不知情，那就很麻烦了，需要你来举证，证明对方真的知晓情况，他在撒谎。若是你拿不出证据来，哪怕上法庭打官司，你这个证词也很难被采纳。没有人证，没有物证，只是你的一面之词，可信度自然会大打折扣，因为对方肯定会有另外一套说法。

所以我对业务员有一个基本要求，也是标准作业流程的一部分，就是"把电话谈判的内容落于纸面"。这样一来，以后如果客户忘了，你就可以把确认过的邮件或者文件，转发给他看一下，往往就能唤起他的记忆。如果客户要耍赖，或者想找借口找你的麻烦，那这些书面的东西，一旦需要诉诸法律，都是实打实的证据。

案例 5-1　从电话沟通到书面落实

我们可以假设一个场景，业务员毅冰跟法国客户 Henry 根据新订单的一些细节，在电话里简单沟通了一下。双方针对下面三个要点交换了意见，双方都可以接受，电话里也已经确认了。

第一，针对这张订单，Henry 同意把付款方式从 60 天信用证改为即期信用证，以后的订单到时再具体研究；

第二，这张订单的产品包装，可以不用邮购盒包装，中性白盒就可以，下一个订单再改过来；

第三，样品虽然有些许色差，但是不明显，在反复确认过后，Henry 认为是可以接受的，大货如果也做到这个样子，没有更严重的色差，是没问题的。

在这种情况下，毅冰在跟客户 Henry 通过电话后，接下来的标准作业流程，就是总结和梳理好谈话内容，立刻发一封邮件过去，把电话里谈好的要点落实在书面上。邮件或许就会像下面这样写。

Hi Henry,

As we discussed on the phone, there were some issues below for your reference.

Payment term: L/C at sight could be acceptable.

Packaging: Neutral white box for this order.

Color difference: Not serious and could be approved as sampling.

Please help to confirm by return asap. And we could go ahead accordingly.

Best regards,

Yibing

这样就可以了，只要客户回复了邮件，要么就是对其中某些问题有疑问，那就可以继续探讨和沟通，通过邮件把细节谈妥；如果没有疑问，或许他就会回复没问题或让你立刻进展下去之类的话，那就等于是成功把电话确认的东西落实到了纸面上。

当然，我平时强调，电话跟进往往都是对于邮件跟进的辅助而已。很多时候你单纯通过邮件跟进，对方可能不回复，将来你想以此作为证据，他可以强调，他没收到邮件，什么都没看到。

所以在这些问题的处理上，完全可以采用一些技巧，从而巧妙地达到目的，也把风险降到最低。

这世界上不存在完全的准备，不存在绝对的万无一失，但我们可以通过标准化的作业来做好风控，减少问题的出现，减少意外的发生。

第二节　对于验厂，我们无须畏惧

当我们跟大买家或者专业客户打交道的时候，或许 factory audit（验厂）就是一个绕不过去的坎。也有不少客户，把“验厂”翻译成 factory evaluation，其实是一码事，叫法不同而已。

一、别把验厂想得那么可怕

许多外贸从业人员，只要一听客户要验厂，立刻心里打鼓、脊背发凉，自然就会想：“我们是小工厂，验厂肯定通不过吧？我们厂里根本没什么现代化设备，厂房破破烂烂，又脏又普通，是不是不行？我们工厂有违章建筑，消防验收都通不过，验厂怎么可能通过呢？我们没几个工人，完全就是家庭作坊的规模，怎么可能通过验厂呢？”

还没开始做，心里面已经给自己贴上了无数个“不可能”的标签，就想着找借口拒绝客户，或者索性放弃这个潜在的订单。

在我看来，这就是内心深处的畏惧带来的束手束脚。不是说验厂多么可怕，而是自己没经历过，就想象得比登天还难，一碰到客户提出这方面要求的时候，就开始在心里打鼓，觉得心里没底，觉得一定不行，觉得肯定搞不定，觉得这是不可能完成的任务……

可事实上，畏惧，往往是源于未知，因为“道听途说”，因为各种“前辈经验”“网上传言”“小道消息”，把一个事情渲染得无比复杂和恐怖。可是当你真的去尝试了，就会发现很多东西是可以解决的，很多问题是可以变通的。

虽然验厂的内容的确很复杂，涉及很多方面，详细写要用很多个章节，我这里还是想以随笔的形式来阐述一下，打消很多业务员的恐惧心理，避免大家走入思维误区。

二、验厂前经常纠结的问题

我们先来分析一个现实中的案例。

案例 5-2 验厂前的一堆现实问题

有个朋友就特别担心验厂的情况。

因为他们的产品是木质的油漆制品，考虑到油漆的气味和环保验收方面的种种问题，工厂一开始就设立在远离市区的偏远地方，而且还没有去做工商登记。

而外贸部门单独注册和成立了贸易公司，在其他地方办公，没有跟工厂合并在一块儿。之前也有不少欧美客户提出验厂，她心里从来就没底气，也从来不认为可以通过验厂，最后都是不了了之，都没有下文。所以关于验厂，她总结了三个一直在纠结的现实问题。

第一，没有正规注册的工厂，严格意义上肯定是非法的，是不是一定无法满足验厂的要求？

第二，由于工厂就是简单的三层民舍，内部也比较简陋，不像是正规的工厂，每次客户来参观，她都觉得没什么底气，怕客户因为他们是小作坊而失去合作信心。对于这种状况，有没有什么好的建议？

第三，在不改变工厂大格局的情况下，有没有什么小细节的改进，可以提高客户的印象分？

我相信这是很多外贸人头疼的问题。说白了，就是如何尽可能让客户忽视外表并不是那么好看甚至有点千疮百孔的工厂，把注意力集中在产品和品质上。

三、抓住重点，各个击破

其实在我看来，验厂并没有那么难，也没有那么可怕。

很多人之所以觉得难，关键还是“无知”带来的畏惧，是“未知”带来的想象。

举个例子，美国客户的验厂，会针对 C-TPATC（反恐）提许多要求。那反恐这部分真的这么难吗？其实也未必，我们可以印几本这方面的宣传小册子，给工人们学习。然后呢，平时组织几场反恐学习的会议和讲座，然后拍一些照片，把讲座的讲义和文件整理几份出来。到验厂的时候，把这些资料都整理好，提交给 auditor（审核员），他就有了充分的资料和证据，关于反恐的部分，就可以写报告了。

当然，他或许还会提出不少意见，还会有各种整改的要求，这很正常，只需要根据要求来改进就是了，根本就不是什么大难题。

但是有一点，也就是上面案例中，那位业务员提出的第一个问题，如果没有正规注册的工厂，那是一定不行的，铁定没有办法通过验厂。很简单的道理，工厂不是合法注册的，那就不存在消防验收和环评报告这两个验厂需要的核心文件，安全根本得不到保障，企业的合法性更加无从谈起，产品和人员的安全就存在大问题，一定是无法通过的。所以在工商局合法登记注册，拿到正规的营业执照，这是必需的，不可或缺。

至于第二个问题，工厂小、工人少，不易让客户对你产生信任。我觉得这根本就不是什么大问题，关键在于你跟客户如何谈，如何取得对方的信任，如何把劣势转化为优势。我以前跟客户的谈判思路就是，讲故事给他听。

案例 5-3 用案例引导客户思考

比如说，我们公司所在的城市，有一家很不错的酒店，国际连锁五星级标准，各方面的硬件、软件、服务都不错，价格十分有竞争力，大约是 500 元人民币一晚。但是同样地段、同样硬件、同样软件的差不多的国际连锁酒店，有 Marriott（万豪），价格或许就是 1 500 元人民币。

那就请您考虑，您愿不愿意为 Marriott 这个品牌，多付出每晚 1 000 元的溢价。

很多客户会选择 Marriott，因为各种原因，可能是自己的喜好，可能是公司报销额度高，可能是对于大品牌的期待，可能是自己常旅客计划的积分累积等，这个选择很正常。但是也有不少客户会注重性价比，会注重接近的品质但是更好的价格，所以这就是个人选择的差异。

这就需要问客户："您是愿意下单给我们，获得更大的实际利益呢？还是愿意下单给同行，为他们的大工厂、现代化设备、漂亮的厂房和一大堆高管的高薪买单，从而让产品的单价高出 20%？不管如何选择，我都尊重您的决定。"

当然，这只是一方面，因为每个人都会被表面看到的东西迷惑，会被视觉欺骗。就像一套房子很普通，面积不大，户型也一般。但是你看了样板间，你就容易被诱惑，觉得 89 平方米虽然小，但是五脏俱全，相当不错啊！但是你忽略了，样板间只是样板间，或许根本不适合实际居住。可能卧室里少了一个床头柜，可能衣柜很小很小，可能客厅没有储物空间，可能阳台过分狭窄，但是这些都容易被表面的完美装修和室内搭配掩盖。

客户也是一样，一看大的工厂，一看漂亮的样品间，一看精良的生产设备，一看整洁的装配车间，的确第一眼就容易被吸引、被打动。但是如果你是小工厂，那就要从别的地方入手，在不同层面上创造机会。比如我上面强调的，讲故事，主动分析，引导客户思考，这就是一个思路。

再看第三点细节处理方面，可以强调工厂虽然小，但是对于订单的品质管理严格，列出合作的大客户和大工厂；也可以和客户讲讲控制交货期的措施，业务员的专业素养，以及其他供应商不具备的优势。

这些都可以由业务员来完成，摆出证据，图文并茂，用详细的 presentation（幻灯片展示）来分析和说明，让客户刮目相看，让客户自己思考。

四、其实还有重新验厂的机会

还有很多业务员不免会担心，验厂若是通不过，很多欧美客户就不会下单，就会停止合作，这样想真的是外行了！这里面同样有变通的办法。

大家要知道的是，验厂的确是很多大买家的需要，因为要对公司、股东和公众交代，确认产品都是在合法的、安全的工厂完成的，确保工厂不是血汗工厂，更不会资助恐怖主义。

可大家做生意，本质都是为了赚钱，是为经济利益服务的。如果你的产品不错，价格不错，服务不错，样品不错，他们会跟钱过不去吗？不会。但是该做的事情还是要做，很多东西你可以认为是必需的，也可以认为是表面文章，就看你怎么想了。

在实际的操作中，具体的流程可能是：订单确认，下单给你，然后开始安排验厂。也就是说，验厂与订单操作是同步进行的。

如果在验厂过程中发现不少问题，那怎么办呢？真正的答案是，只要不是特别严重的 ZT（Zero Tolerance，零容忍）问题，比如雇用童工、性骚扰或者性侵犯之类的严重核心问题，客户是不会取消订单的。

只要你针对验厂发现的各种问题，表明态度和立场，然后改正这些问题，再申请重新验厂，这就可以了。只要不是ZT的问题，客户是不会取消订单的，换言之，这并不会影响订单的操作和出货。

至于申请重新验厂的时间那就要看具体情况了。如果短期内没有连续的订单，那也不用急，慢慢整改，慢慢申请就是了。如果订单连续不断，那就要按照第三方的要求整改一些地方，然后申请重验，这样客户的系统里就会有更新的进展，表示你们真的在面对和处理问题。重新验厂的结果可能是很多问题改正了，但是还有遗留问题，那就继续整改。

总之就是慢慢来，订单照做，货照出，钱照赚，但是验厂的整改，同样继续安排。

五、你想不到的情况也可能存在

我再说直接点，客户要下单给你，是因为综合考量的结果，觉得利润不错，觉得安全放心，觉得你很靠谱等，那就不会因为验厂而取消合作。如果真的要找完美无缺的工厂来合作，那价格就一定不会让他满意。这跟我们平时买东西是一个道理，当一个产品什么都好的时候，往往就变成了“除了价格高，其他没毛病”。

谁会跟钱过不去呢？所以大家需要解决的，其实是客户对你的信任问题，而不是所谓的验厂，这都是后续的事情。

比如我的老东家有一个供应商，是一个只有一个工人的小作坊。厉害吧？真的就只有一个工人，一台机器，哐当，一压，一个马口铁的徽章就出来了。这样的一个小作坊，是如何通过验厂的？其实没有通过，就如我上面说的，整改，再整改，继续整改，整改到如今7年多了，还是在继续整改、不断整改的路上……

但是我的老东家通过中国香港地区的贸易商，每年还是一直在给他们下单，返单不少，新订单更多，难道客户不知道验厂不通过的事实吗？那又如何？供应商在努力改正啊，至少表面上一切都是说得过去的。

该做的要做，该摆的姿态要摆，这就是如今欧美许多专业客户和大买家的做法。

六、从容面对，定会有得

每个人都有优点，也有缺点，每个产品、每个供应商也一样，不可能一切都完美。所以业务员要做的是，不去攻击别人的长处，而是强化自己的持点，不用自己的短板去跟别人的优势竞争，这才是聪明之举。

正所谓“后退原来是向前”，就看你如何用好谈判技巧和策略了。

很多事情就是因为没经历过，内心恐惧，所以自己给自己找借口，打退堂鼓，然后推三阻四，反而容易让客户有疑虑。这种情况下，当客户提出验厂的要求时，不如大大方方，正面应对和处理这个问题。反正伸头一刀，缩头也是一刀，何必让别人小瞧了呢？

哪怕出现最坏的结果，这个客户或许最后因为验厂没有达到要求，从而取消订单，没有合作下去，但是从供应商的角度来看，也可以从这一轮或者几轮的沟通谈判中收获不少，起码知道问题在哪里，知道客户在意哪些地方，下一次如果跟其他类似客户沟通，或许一谈判就正好踏中这几个要点，让别人觉得你无比专业，对验厂驾轻就熟，那就成就了另外一个合作。

第三节　没有收齐尾款，客户就已倒闭

对于新客户，我相信大多数公司都会比较谨慎，特别是在付款方式上。如果不是特别知名的大客户、大买家，往往供应商在一开始是很难接受远期付款的，这就是一个风险控制的平衡问题。

做生意，人与人之间，需要建立起信任；公司与公司之间，需要通过现实中的磨合，来逐步适应彼此的节奏。在我看来，这就是一种气场，是一种默契。只有到了一定的程度，双方觉得完全可以更加便捷地操作，才会互相作出让步，为了更大的生意，为了更多的利益。

可实际操作中，大多数公司的收款出现问题，风控出现漏洞，往往不是出在新客户身上，而是栽在老客户身上。

一、不要盲目信任老客户

很简单的一个道理，新客户提出各种要求，一旦触及公司的红线，往往就会被断然拒绝，因为风险很大。可老客户呢？因为过去有良好的合作，当老客户要求延期付款，当老客户要求更改付款方式，当老客户要求供应商特别支持一下，这种情况下，很多业务员就会觉得难以拉下脸，不管是出于生意还是人情，都没法拒绝。因此往往都是老客户的订单出问题的概率更高。

下面这个案例，就是一个典型的老客户出现问题造成的风控失灵。

案例 5–4 老客户突然失联

某年年底，一位朋友先后出口了两台机器到白罗斯，给他的一个老客户，付款条件是 20% deposit and balance before shipment（20% 定金，余款出货前付清）。本来这个付款条件是事先谈好的，但是因为是老客户，往往公司就没有严格执行标准作业流程，客户要求先出货，很快会付款，业务员就选择了相信老客户。

结果一直等货到 Klapeda 港（立陶宛克莱佩达港，白罗斯是内陆国家，没有港口，所以海运货物一般都在立陶宛的克莱佩达港上岸），客户一直都没有付款。经过反复催款，客户付了一台机器的款项，也答应剩余款项会尽快安排。业务员本着信任老客户的原则，就把提单寄了过去。

然而，到了第二年的四月份，客户就再也联系不上了。后来业务员通过国内货代，联系到海外的当地货代，得知机器一直都在立陶宛港口的仓库里，而且原先的白罗斯买家已经破产，运费和清关费等费用都没有支付。

后来，另外一个波兰客户愿意接手并购买这两台机器。可是得知滞港费和各种杂费累积起来已经远远高于机器本身的费用，而且提单如今也不知道去了哪里，客户也只能摇摇头，放弃了这个想法。

所以业务员非常纠结，不知道接下来应该如何处理。

二、危机应对方案

其实在我看来，这种问题本身都是可以预防、避免的。可问题就在于，因为他碰到了老客户，所以自然而然戒备心就下降了，也就缺乏“防范于未然”的风控意识。如果像做新客户订单那样，一开始就划分风险等级，甚至一上来就做信保，哪怕客户因为意外而倒闭，也有保险公司来赔付，起码风险可以转移，可以控制在一个很低的级别。

（一）中信保介入

一旦客户破产，中信保介入赔款，即使赔不了全款，但是也可以覆盖大部分，尤其是欧美发达国家，赔付率甚至高达货款的90%，损失的比例其实很小。再加上有些订单已经收取了部分定金，余款部分本身就只有货款的70%~80%，再加上有信保的介入，风险级数就变得很低，哪怕客户最终违约，货到港口后弃货，供应商甚至都不会有什么损失。

（二）切忌将错就错

上面的案例中，当初的付款条件已经说得很清楚，20% 的定金，余款出货前付清。本来这个付款方式对业务员是相当有利的，因为物权在手，就掌握了主动权，完全可以按照合同办事，收到余款后，再安排出货，那几乎就是零风险，什么都不用担心。

但是很可惜，因为是老客户，一旦提出要求，他就妥协了，变成了没有收到余款就发货，这是错误一；而客户付了一台机器的余款，又因为人情因素，他再次让步，寄了提单，让出了这个最重要的物权凭证，这是错误二；当初客户破产，他应该当机立断，要么退运，要么立刻打折在当地转卖，要么就直接舍弃，可他下不了决心，一拖再拖，造成滞港费高昂，这是错误三。

正是连续犯错，一环扣一环，才造成了如今这个糟糕的局面。我们认真思考一下，这个问题是如何造成的？这并不完全是客户的问题，客户倒闭，经营不善，他也不想的。这不是货代的问题，货代完成货运及当地清关和仓储的服务，没什么可以挑剔。这也不是波兰客户的问题，他不买，一方面是滞港造成的费用过高，另一方面是重要的提单已经没见了。

真正的问题就在于，业务员的操作有问题！所以他应该考虑的，是改造自己的思维方式，是优化自己的工作习惯，严格执行标准作业流程，减少未来可能发生的类似问题，避免在同一个坑里摔两次甚至多次。

（三）谈好付款方式

付款方式谈好，一切落于纸面，双方同意认可，这就是合同，就是要约，是需要严格执行的，这考验的是执行力的问题。很多东西，是不可以根据自己的主观想法随意改变、修正的，否则合同就失去了存在的意义，变成废纸一张，不是吗？

另外，就是前面提到的风控问题。已经到了这个糟糕的阶段，业务员可以怎么办？应该怎么办？说实话，我没有办法立刻回答，不管怎么做，现在都已经到了左右为难的地步。事已至此，或许相对好一点的办法就是，壮士断腕，果断舍弃这批货。国外货代可能会追索费用，但是业务员可以正式通知货代，已经将提单寄给客户了，这批货的物权已经正式转移给客户，你们不会承担任何一分钱的额外费用。

这也是没办法中的办法。从经济和风险角度衡量，起码一开始收了20%的定金，后来又收了一台机器的货款，那至少也已经收到了60%的总货款。

我们假设这个订单，连退税在内，毛利润是20%。那这样一来，整体的损失在20%左右，也算是不幸中的万幸，就当给自己买了个教训。

三、风控，时刻不放松

或许针对这个案例，我的语气比较重，那是因为我在敲下这些文字的时候，心情也是沉重的。

我们强调无数次的风险控制，往往只能让大家针对新客户产生戒备心，但是依然容易对老客户放松警惕。

我们不是说，老客户就不靠谱，而是这个世界上有很多的意外，每天都在发生。老客户可能出现问题，可能就此倒闭，这都是无法预测的，不能因为彼此间的信任，而放弃了基本的风控。说难听点，银行会因为你是VIP客户就随意贷款给你吗？不会的，标准的流程还是要走，一旦触及红线，项目照样会停止。

哪怕世界500强前几名的公司，那些大家眼中的庞然大物，真的碰到危机的时候，也是说倒就倒的，并没有外界想象得那么强悍和坚不可摧。压垮骆驼的，或许真的就是最后的那一根稻草。

我们无法预测，什么时候会出现这根稻草。我们只能做好该做的事情，坚持标准作业流程，坚持严格执行合同，才有可能人为地控制风险，而不是增加风险。

第四节　不要让潜在订单丢失在付款方式上

我曾经在知乎上回复过一个问题，就是关于汇付、托收、信用证三者的区别。有朋友就给我留言，说为了规避风险，所以跟新客户谈合作的时候，公司都会要求出货前付清余款，也就是收齐全款才发货。

这种要求虽然对于供应商几乎是零风险，但对于客户而言，风险其实就是100%。在这种严格不对等的谈判条件下，如果供应商的产品不是极其特殊，或者有专利限制同行的话，我敢断言，大部分的潜在订单是无法拿下的。

其实如今的外贸形势跟过去已经大不一样了。越来越多客户开始拒绝支付定金，即便是做T/T（电汇），一般也会要求供应商先发货，然后见提单复印件付款，或者干脆就是远期付款。

这是一个大的趋势，一方面因为竞争激烈，供应商之间抢单严重，导致客户可以不断争取对自己有利的付款方式；另一方面也是因为许多客户曾经在支付定金方面上过当，受过骗，不敢付款，不敢轻易相信陌生的新供应商。

一、常见情况

我完全理解供应商的心态，原因之一是怕麻烦，不愿意操作信用证这种“复杂”的东西，觉得自己经验不足，畏惧“过高”的操作费用，怕本来就不多的利润会因此变得所剩无几，甚至亏本。原因之二是“公司规定”，老板要求业务员跟客户谈，要做 T/T，要支付 30% 甚至更高比例的定金作为预付款，要发货前付清余款，最后的让步也仅仅是见提单复印件付余款。

可是大家要知道，时代在变，竞争日趋多样化，如今的外贸行业已经不同于十多年前了。往往一个询盘或者 RFQ（Request for quotations，请求报价），一天能收到几十封甚至上百封的报价，都是平常事。客户是不可能有时间一个一个去回复、沟通、谈判的。很多时候客户往往就抛出一个要求，付款方式只能做信用证，不会支付定金，从而通过这个硬条件筛选和淘汰掉一大片供应商。

也许你觉得没法接受，要跟客户谈公司的政策，希望客户接受。但是如果别的供应商直接跟客户说：“OK！我们同意做信用证。”这样一来，难道客户还会有充分的耐心，和你在付款方式上来回讨论吗？

因此遇到付款方式的问题，我们首先要分析，是真的无法接受，还是有其他变通的余地，不要让潜在的机会溜走，让谈判陷于死局。

二、巧妙躲避“公司规定”

说实话，我个人非常讨厌的一点，就是很多供应商动不动把 Company rules（公司规定）或 Company policy（公司政策）挂在嘴边，动不动就跟客户说："这个是我们公司的规矩，要收 30% 的定金。"结果谈着谈着，业务员还是答应了做信用证。

那这个所谓的 Company rules 有什么意义呢？一次次拿来当作挡箭牌，然后一次次妥协和反口，自打耳光，只能徒增笑柄。

在客户这里，你一次次说公司的规定、政策，但是又无法坚持，最终依然会妥协让步，那客户也绝对不会把你说的当回事，你的话就不值钱了，就失去一诺千金的效果。

所以我一般会建议业务员们在报价单或者邮件里，一开始可以含糊一下，付款方式可以先不写，仅仅围绕产品的报价、图片、参数、包装资料、测试要求、颜色、商标、装运港、交货时间、样品等展开，但是绕过付款方式这一项。

一般而言，客户如果有兴趣，他一定会主动跟你谈这个项目，然后再逐步讨论，谈到付款方式这个问题。大家可以在前期沟通中逐步谈判，总比一开始就见光死要好得多。

其实很多公司在资金上并没有问题，完全可以接受信用证，接受 D/P（付款交单），甚至 O/A（放账）都没问题，而且很多现有的老客户就是这么操作的。那为什么一定要求业务员跟新客户谈 30% 定金的付款方式呢？

说白了，就是希望付款方式有利一些，方便一些，仅此而已。这个想法没错，谁都希望付款方式对己方有利，甚至 100% 预付全款更好。但在现实中，这往往会让业务员们失去很多的宝贵机会。

而且这种 Company rules，既然能随时改，经常改，根据实际情况改，那就不要让大家在邮件里总是强调了。即便讨论付款方式，也可以通过谈判，就事论事，具体问题具体分析，逐步让双方达成共识。

三、灵活调整付款方式

根据我的个人意见，付款方式还是灵活一些比较好，不要过于死板，不要一刀切，要留有谈判余地，根据实际情况随时调整。

举个例子，如果一个客户准备下一个30万美元的订单，你如果要对方支付30%的定金，也就是9万美元，难道客户就不怕你拿钱跑了？不怕你这个供应商不靠谱，甚至是骗子？

哪怕你让步，将定金减少到10%，客户依然是有顾虑的，毕竟这也不是一笔小钱，他会有风险的考量。如果客户是大公司，定金就更难申请了，因为对方属于强势的一方，往往会让供应商在这方面让步。这种情况下，其实完全可以根据实际情况来判断，没必要因为付款方式而让客户不快。

如果公司资金没问题，那就可以考虑做信用证或者远期付款。如果担心客户的信誉，担心收款安全，大不了做一份信保，将风险转移给保险公司，至少能最大限度地控制风险，不是很好吗？

如果公司资金有压力，没有定金就没有钱去购买原材料，或者没钱垫付订单操作的实际费用，那也可以跟客户谈，做即期或者远期信用证，再将信用证抵押给银行，做打包贷款融资，也能事先借出部分款项，用作订单运转的费用。当然，信保也是要做的，对于客户的信誉和付款安全，让中信保来背书，转移风险，岂不是比一刀切的付款方式要好得多？

思路要灵活，手法要多变。对老客户无限宽容，对新客户无限警惕，这不是一个正常的外贸人应该做的。

抱残守缺，故步自封，自我设限，才是我们最大的敌人。

第五节　远期付款的差异化表达与差异化内在

进入这一节的正文之前，我们先来做一道非常简单的题目。“60天远期付款”，英文应该如何表达？

教科书版本：T/T 60 days

实战派版本：O/A 60 days

老油条版本：Net 60

这三者仅仅是表达上有差异吗？还是说在具体操作中，也有不一样的地方？

别急，我们一一分析下去，通过这一节的内容，来彻底解决和完善这个知识点。这不仅仅是一个学习的过程，更重要的，是不让某些不法客户钻了空子，利用理解上的不对等，从而占你便宜，让你吃哑巴亏。

一、相对精确的 T/T 表述

为什么我会用“相对精确的”这个形容词呢？因为教科书的表达，往往都是经过千锤百炼的。哪怕再学院派，也有它的道理在。

T/T 本身是 Telegraphic Transfer 的简写，表示“电汇”。请注意，从字面上都可以看出来，电汇，自然是通过银行汇款来完成的。也就是说，资金的形式是 transfer（汇款），不是现金，不是汇票，不是本票，也不是其他方式的资金存在。

大家平日里用得最多的，往往是 T/T at sight，表示“即期付款”，也就是发货后，客户支付余款，可以理解为“我发货，你给钱”。这里面还有一个孰先孰后的问题，是先发货？还是先给钱？还是一手交钱一手交货？答案是第一个，也就是供应商先安排出货，与此同时，请客户安排付款。如果要先收钱，然后再发货，也就是我们所谓的“带款提货”，准确的表达应该是 T/T before shipment 或 T/T prior to shipment。

而 T/T 60 days，就是铁板钉钉的 60 天后电汇，也就是说，出货后 60 天，客户安排汇款。那如何定义出货？如果是海运，就以开船日为准；如果是空运，就是以起飞日为准；如果是公路或铁路运输，那就以出运日为准。

这就是国际惯例，也是被大多数客户认可和执行的。基本上，不存在需要解释和商榷的地方，大家都能理解，也不会出现太大的误会和争议。

二、容易弄错的 O/A 表述

为什么说 O/A 容易弄错？这不就是 Open Account 的简写，表示“放账”吗？

字面意义是没错，O/A 的确是用来表示远期付款的，但是付款方式呢？如果没有明确谈妥，这里是有漏洞的。

比如你跟客户谈好的是 O/A 60 days，你的理解是，出货后 60 天付款。这当然没错，并没有太大争议。可如果事先没有说清楚具体的付款方式，客户到了 60 天后可以说：“我从来没说要给你安排 wire transfer（电汇），我本来就是计划两个月后去中国，到时付你现金的。”

一旦你当面收了现金，往往代表着无法退税，你正规合法出口的订单，没有进项的外汇来对冲，就会变得非常麻烦。所以谈到 O/A 的时候，情愿多此一举，跟客户再确认一下，60 天后如何付款，是不是安排电汇。必须得到客户的明确回复，才能算数。

简单总结一下就是，O/A 不全是后 T/T，但后 T/T 全是 O/A，如图 5-1 所示。

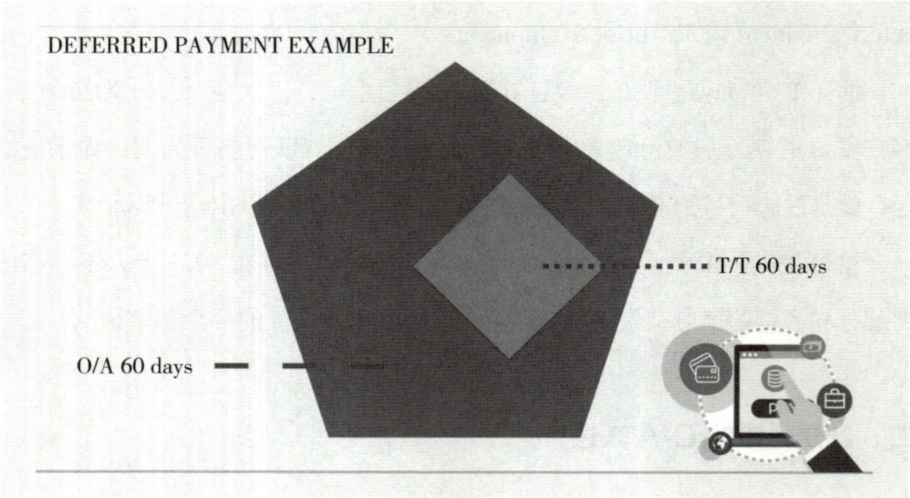

图 5-1 远期付款的差异解析（毅冰制图）

可见，这就是数学中“包含”的关系。O/A 的含义其实比 T/T 要宽泛许多，这在具体的应用中，特别要留意，要跟客户确认清楚。

三、争议重重的 Net 表述

再看用 Net 表示远期付款的表述，我放到最后讲，是因为这个表达并不严谨，往往争议重重，很多供应商和客户都会因为对 Net 的理解有差异而产生争论，从而闹得不愉快。

常常有朋友问，客户明确要求，付款方式是 Net×× 天，怎么理解？其实在某种程度上，这跟 O/A 没什么两样，只是在时间点的认定上，有了更多模糊的地方，根据每个人理解的不同而不同。

比如说，有些客户会提出要求，采用 Net 60 days 的付款方式，表面上看是毫无问题的，供应商完全可以接受，但是业务员或许就简单理解成“出货后 60 天付款”，跟客户想要表达的，也许是一回事，也许不是。

还是举个例子吧，可以帮助大家更加直接地理解。

案例 5-5　对 Net 60 days 的理解差异

供应商 A 是生产 jeans（牛仔裤）的工厂，给一个美国客户发货，从上海港到美国西海岸的 Long Beach 港（长滩港），然后再接驳陆运，送到客户位于美国俄亥俄州的某个指定仓库。

假设供应商发货拖柜的时间是 2019 年 8 月 8 日，开船时间是

2019 年 8 月 15 日，提单签发时间是 2019 年 8 月 22 日，货到 Long Beach 港口的时间是 2019 年 8 月 29 日，然后经过清关等一系列手续，再把货物运到客户的仓库，时间是 2019 年 9 月 5 日。

这种情况下，如果是 Net 60 days 的付款方式，客户可以理解成上述的任何一个时间点后的 60 天付款。我们可以发现，如果从 8 月 8 日算起，和 9 月 5 日相比，其实一前一后，因理解上的差异，或许能让付款再延后 28 天，而风险级数，同样是成倍增长的。

美国西海岸离中国很近，快船差不多只要两周的时间；那如果出货到南美洲呢？船期可是要 45 天时间，这样一来，因理解的差异，付款时间的差距会长达 58 天之久。从资金压力和风险等级上来说，对于供应商是双重打击。

这就考验业务员的沟通能力、风控意识和谈判水平，要在一开始就跟客户沟通和协商好，确定双方的理解是一致的，以免在订单操作过程中才发现有理解上的歧义，从而产生误会，那就不太好了。

很多时候，其实不一定是客户不讲道理，也不一定对方就是有意坑你，而是他固有的意识就是这样的，他一直都是如此理解，要扭转对方的思维，改变别人认定的事情，是非常困难的。结果就容易相互扯皮，彼此针锋相对，让大家都不舒服，觉得对方不靠谱。

假如客户在谈判之初主动提出，采用 Net 60 days 的付款方式，那就需要跟对方确认一下："Do you mean the payment will be settled 60 days after the shipment date?”（你的意思是，会在开船日后 60 天安排付款吗？）然后看客户如何回复，这样就很容易知道对方的理解方式是否和自己有差异。

如果对方理解成收到货后 60 天付款，他必然会跟你解释，而这时候，你若是不同意，就可以继续谈判和沟通，找到双方都能接受的平衡点，比如改成 Net 30 days 之类的，从而尽可能在一开始就达成共识，后续的操作就不受影响。

再补充一个我经历过的事件，那是 2006 年年初，一个荷兰客户要求采用的付款方式是 Net 30 days，我本能认为是 30 天远期付款，请示老板后就答应了下来。没想到的是，出货后一个月左右，催客户付款的时候，客户声称，不是开船后 30 天付款，是 30 days after receipt of goods and invoice（收到货物和发票后的 30 天付款）。好吧，只能怪我一开始没沟通清楚，这个哑巴亏只能吃了，吃一堑长一智。

还有一次，碰到一个更过分的比利时客户，一开始对方要求付款方式采用 Net 45 days，我因为吃过亏，这次学乖了，一上来就跟客户协商，从什么时候算起 45 天付款。最后大家谈妥，从提单签发日算起 45 天后付款。行，既然说清楚了，那后面应该不会有问题了。结果让我大跌眼镜，我还是中招了，客户实际上拖到了提单签发日 60 天后才付款。我跟进催款的时候，对方同样振振有词，声称 45 天是 working days，不是 calendar days。前者表示“工作日”，需要扣除双休，扣除比利时的各种公共假期；而后者才是“自然日”，才是我们理解中的连续的 45 天。

付款方式，本就是外贸风控的重中之重，虽然不能完全避免风险，也要尽可能掌握整体情况，规避能规避的问题，容不得半点马虎，更不能想当然地理解问题。

时刻请教，反复沟通，充分准备，胆大心细，才能控制风险。

第六节 老客户的订单更需要做好风控

一、可以对号入座的现实问题

我常常陈述一个事实：大多数外贸朋友的订单出问题，货款收不回来，往往不是被新客户欺骗，而是栽在老客户身上。

我的理由很简单，对于新客户而言，大多数供应商都是无比警惕的，担心对方不靠谱，担心受骗上当，从订单处理到付款方式，往往是确认再确认，哪怕一个字眼可能造成歧义，都会一而再再而三地跟客户确认，风控相当严格。

在第五章第三节中，我们已经举了相关案例。

二、高风险都是自己造成的

看，这就是典型的双重标准。一方面对于不熟悉的人，无比警惕，严格到极致；另一方面对于很熟悉的人，无比放松，宽容到极致。

结果就是，订单操作的随意性太高，用“人情”盖过了“标准”。这一类的问题有很多，比如下面案例中的这一些，甚至每天都在发生。

案例 5–6 老客户的“特殊要求”

老客户要求我们先发货，他老板出差没回来，货款要过一周再付。

老客户要我们先安排订单，他等银行开出信用证，就给我们确认。

老客户说货款已经安排，让我们先电放提单。

老客户说下个月的订单数量是两倍，为了节约成本，让我们一并生产。

老客户催得很紧，订单很急，我们只能先采购原材料。

老客户的货已经滞港了，一收到他的汇款单，我们立刻放提单给他。

老客户最近资金有点紧张，说会跟后面两个订单一起付款。

……

这些情况，是不是很眼熟？是不是一直在我们身边发生着？是不是很多业务员都觉得这是理所当然的？不给点特殊待遇，如何留住老客户呢？

这个想法其实很危险。我从来都不反对给予老客户一定的支持，给予重要客户更多的实惠，这是没问题的。但是这些都有一个大前提，就是风控的问题，风控是绝对不能放松的，要时刻绷紧这根弦。

我相信大多数客户都是实在的，都是诚实守信的生意人，都能做到一诺千金，毕竟老客户都跟我们合作很久了，大家基本上是知根知底的，也从来不怀疑对方的诚信。可这里有三个例外。

其一，客户的诚信，不代表可以排除所有的意外。万一客户破产倒闭呢？万一客户的公司股东闹矛盾，分家散伙呢？万一客户被他的客户欺骗而无力付款呢？诚实守信、信誉卓著的商人，不代表不会碰到任何的意外情况。我们可以相信客户这个人，但我们要针对意外做好风控。

其二，终究有一小部分客户并不诚信。这又是一个例外的情况。人会有类比心理，比如我们接触一个德国客户，觉得很好；接触第二个德国客户，相当不错；接触第三个德国客户，依然诚信，我们就会根据过往案例，把德国客户列为“非常欢迎”的类型，会放松警惕。可如果第四个德国客户是有问题的呢？几个订单合作良好，难保下一个订单不会中招。

其三，还有极小一部分的客户，虽然诚信，但是可以用策略和手段，把所有的风险转嫁给供应商。这类客户是高手中的高手，如果没有问题，一切都好；一旦出了问题，就有本事把责任都推给你，把风险都让你扛。这不是我随口说说，我有一个亲身经历的案例。

案例 5-7　德国客户“不花一分钱”做生意

先声明一下，这不是我自己的客户，而是我曾经在新西兰南岛自驾旅行时，认识的一个德国人。闲聊时得知我也是做外贸的，他非常来劲，侃侃而谈他在中国如何不花一分钱，用供应商的钱，在德国做他自己的生意。他的“策略”其实很简单，分为七个步骤，可以按照标准来执行。

第一步，找一些中国供应商，从样品和报价开始磨合，对于高效率、好价格、有专业素养、服务意识强的供应商，就从小单开始合作。

第二步，他的付款无比及时，一定是 30% 定金，余款见提单复印件付款。每次定金和余款都及时支付，基本不用催，只要时间一到，只要供应商一提起付款，立刻爽快支付。

第三步，反复执行第二步，连续五次返单和下新订单，金额逐步增加，依然执行好定金和余款的及时支付。到了这个时候，供应商都会觉得他是个非常优质的客户，合作也很愉快。

第四步，总共六个订单以后，第七个订单跟供应商谈判：“其他供应商都给予我 45 天的账期，目前只有你们还是做即期付款，而且有定金，而我的资金压力也很大。我给我的客户都是 90 天账期，同时公司股东也给我压力，要修改给供应商的付款方式，否则就转单。所以很遗憾，如果不能做 45 天账期，恐怕接下来只有更换供应商了。”

第五步，大多数供应商在收到这个要求后，都会表示理解客户的处境和为难之处。然后考虑到过去连续多个订单的合作都是顺顺利利的，客户信誉很好，基本就会同意给予 45 天账期。

第六步，第一次执行远期付款，依然保持一个一个订单的下单思路。也就是第一个订单出货了，45 天后准时付款，然后立刻下第二个订单，也是出货 45 天后付款，不拖延支付，每次都准时。

第七步，重复第六步两次，等到总共三个订单都准时在 45 天后支付以后，第四个、第五个订单就一起下，而且增加数量，付款的时候一起拖延半个月，实际上变成了提单签发后60天付款。

这样的结果就是，国内到德国汉堡的直航只要一个月不到，也就是一个月的时间，基本上货物已经到他仓库，甚至分销给他的各个零售商客户。但是他需要支付给供应商的款项，可以再等一个月。这就完成了，不花一分钱，用供应商的资金来生产货物，收集款项后，再付款给供应商的步骤。

一环接一环，精确考虑和衡量人性，通过顺利合作打消顾虑，然后变成“优质老客户”，再改进付款方式，降低自己的风险和资金压力，把所有的一切都转嫁给供应商。可以说，他这套“标准作业流程”，实在是堪称一绝，他自称手中有100多家中国供应商，每年七八百万美元的订单，都不花一分钱。

不知道，有没有朋友读到这里，发现自己中招了？用供应商的钱滚动起来，做自己的生意，这才是高手啊！

三、我们究竟该如何做好风控

我相信许多人读到这里，会觉得背上一身冷汗，也因为自己还没碰到这样的客户而觉得幸运。可问题是，如果老客户真的提出各种要求，我们能拒绝吗？我们能放弃未来的合作吗？我们舍得多年的积累吗？

这时候，其实考量的，不是拒绝不拒绝的问题，而是如何做好风控，尽可能控制和转嫁风险的问题，这是两个概念，不能混为一谈。

如案例 5-7，这个德国客户还算好的，其实他的本心，并非为了骗钱，而是为了利用供应商的资金缓解自己的资金压力。所以他的目的，其实也就是拖延一下付款时间，并没有拒付或者跑路的想法。

可如果真的碰到不法商人呢？先通过几个订单换取你的信任，慢慢协商做远期付款，再给你下一票大订单，然后把你拉黑后失联，你怎么办？打跨国官司？能找到人吗？能打赢吗？证据够吗？时间和资金耗得起吗？后续会有一大堆的问题产生，不是想想那么简单的。

所以我们要做的是尽可能规避风险，用标准作业流程来做好风控，如图 5–2 所示。

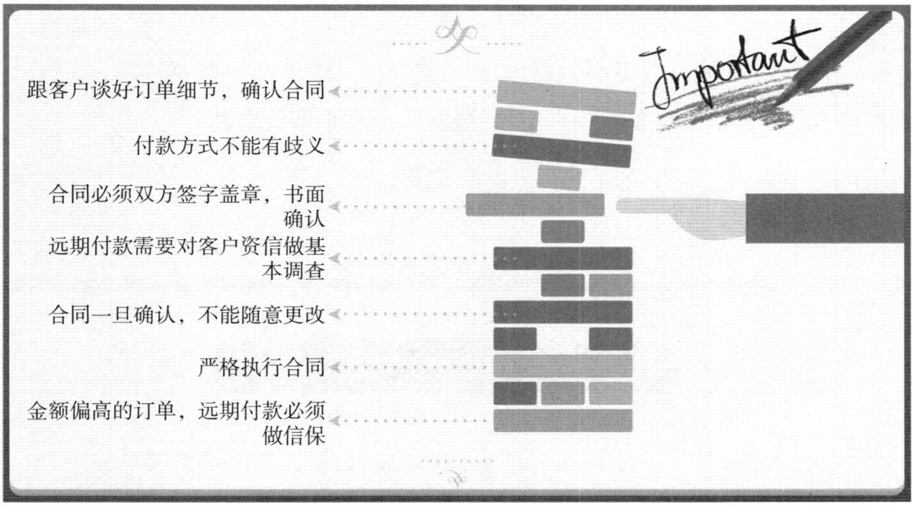

图 5–2　七步完成订单风控（毅冰制图）

看起来简单，执行起来才是大问题。我们可以思考几个问题。

第一，合同究竟是否要双方签字？单纯这一步，执行起来也是困难重重。

有的时候，和老客户只有一份电子合同，甚至根本没有合同，也不签PI。因为经历了长期的合作，相互信任，所以违规操作就变得自然而然。

第二，付款方式是否完全没有误会和歧义？如案例5-5的理解差异，这一类的问题可能有很多。吃不准的地方，不能想当然，不能随意上网搜索，还是要跟客户反复确认，这一步不能少。

第三，远期付款很平常，只要自己资金没有问题，客户资信相对还好的情况下，也不妨尝试。可问题是，风险是否可控？是否能转嫁风险给第三方？是否要针对较大金额的订单做信保？

这些问题，我相信大多数业务员都考虑过，也能控制好，哪怕对老客户，专门敲警钟，自己保持警惕，问题也不大，这都是前期的问题。

其实我最担心的，还不是这些前期的问题，而是订单操作中随意更改合同的问题。

比如老客户临时要求改付款方式，老客户要求先出货，老客户要求先电放提单等，违反合同、只顾人情、违规操作，这才是致命的。

再举个例子，一个资深外贸人的踩雷记录。

案例5-8 资深外贸人的风控失误

一个朋友开了一家做圣诞灯串的小贸易公司，在香港灯具展拿下了一个瑞典客户。他跟客户谈好的，是预付30%定金，余款见提单复印件付款，非常普通的付款方式，表面上没有任何问题。双方谈妥细节，签好合同，其实订单就成立了。

他也是外贸老兵了，经验丰富，新客户下的第一单就金额不小，高达 40 万美元。客户的解释是，他要分销给欧洲许多零售商，又是促销订单，所以金额比较大。对此，这个朋友留了个心眼，针对这个客户和订单做了信保，转移风险给第三方。

中信保做过资信调查后，发现这个客户没有其他供应商有出险记录，也没有发现任何违约或者财务问题，他就接下了这个单子。因为客户是瑞典的，信誉也还不错，中信保给予的赔付比例是货款的 90%。也就是说，哪怕客户违约，余款他一分钱收不到，也有保险公司可以赔偿 90%，风险完全可控。

可结果真的那么顺利吗？不是的。

出货后，他提供提单复印件给客户，证明货已经发了，请客户安排支付余款。但是客户反馈，自己在意大利旅行中，等两周后回公司，会立刻让财务支付余款。他也没当回事，毕竟北欧是高福利地区，大家生活质量都很高，过得很悠闲，他也有芬兰和丹麦的客户，休假本就是常有的事情。

可没想到，客户一休就休了一个月，货都已经到港了，再不付款，等免堆期一过，就会产生滞港费。他有点急了，紧急联系客户，请客户立刻支付剩余的 28 万美元货款。

这时候，客户表示刚休假回来，公司还有几笔大客户的款项没有收回来，目前账上并没有那么多钱，大约还需要一两周的时间才能收回来。客户表示可以先支付一半，也就是 14 万美元，剩余的两周内支付，为了避免高昂的滞港费，请他先电放提单，把货先提出来，避免额外损失。

他也知道这么做有风险，但是觉得客户诚意也很足，定金付了，余款也付了一半，目前的确是碰到困难，如果不答应，到时天价的滞港费谁来承担？甚至会永远失去这个客户的信任。于是权衡利弊之下，他同意了先收一半尾款，然后电放提单，心想着，起码还有信保在，如果发生最坏的情况，大不了找保险公司出险。

可结果是，从那以后，客户再也联系不上了。他委托第三方调查，才知道客户公司已经破产，资产被清算，由银行接管，正在陆续偿还债权人，但肯定是资不抵债的。这时候他再联系中信保，要求出险理赔，就被告知，他没有执行合同，所以保险公司是免责的，不需要赔偿一分钱。

因为中信保针对的是合同约定的订单，合同清清楚楚写明，付款方式是“见提单复印件支付余款”。可客户没有支付余款，只支付了一半，他就擅自做主，电放提单，这是违规操作，保险公司自然不会承担违规操作带来的一切后果。

通过这个案例大家会发现，不是新手才会犯错，很多外贸老手照样会因为风控的失误，造成极大的损失。因为客户有困难，所以双方通过谈判来化解争议，来解决问题，这本身是没错的。可错就错在，擅自做主，违反了合同。改动合同里的条件，不是不行，但是需要双方确认，重新再补签合同，这才是合理的。因为口说无凭，今天可以改这个，明天可以改那个，既然合同的条款都可以擅自更改，可以不当回事，那要合同干什么?

因此我们要严格警惕的，就是对于老客户的放松和宽容。为了长期的合作，为了过往的交情，置标准作业流程于不顾，这才是可怕的事情，一个不小心，甚至会给公司带来灭顶之灾。

我还是那句话，新客户要做好风控，老客户更需要。

就好比那句玩笑话：让你上当的，往往不是陌生人，而是老熟人。

第七节 落袋为安的策略布局

说起“落袋为安”这个词，很多朋友第一时间会联想到钱。毕竟大多外贸人都有一肚子苦水要吐。

比如客户明明答应，会付样品费，要我们赶紧打样，可样品做好后，客户就失联了，怎么都联系不上了……

比如客户说定金已经付了，还发了银行水单过来，可一直到我们货都做得差不多了，定金居然还没收到，找银行一查，水单是假的……

比如客户说，明天一定付款，可过了很多个明天，从夏意浓到秋意浓，钱还是没影……

比如客户声称，已经让财务安排款项了，只是付款要根据先后来排，从复活节等到圣诞节，钱还是没收到……

大家纠结的问题就在于，涉及钱的事情往往非常难处理，十分棘手。不催，客户的工作效率低，没反应，项目推进不下去，或者余款收不回来；催，客户会烦，会反感，会觉得你不信任他，反而有了不好的印象，严重影响将来的合作。

一、定金未到就处理订单会存在哪些问题

下面这个案例，就是很多业务员会头疼的一个现实问题。

案例 5-9 定金未到账，如何处理客户的紧急订单

有个学员碰到的难题是，一个新客户的订单，金额是四万多美元，客户已经支付了 30% 的定金，也提供了银行水单，要她立刻安排生产。因为交货期非常紧，她不敢怠慢，必须全力以赴去赶交货期。

可问题是，客户是周四付款的，周五基本不可能到账，周六和周日又是双休，如果拖到下周，等于又浪费了一个礼拜，交货期更紧了，怎么办？她问了老板，老板的意思是，让她自己看着办，但是如果出问题，业务员需要负责。

她思前想后，都拿不定主意要不要冒险，于是就来问我，这个紧急订单究竟怎么处理才合适，是不是应该相信客户，先安排生产，下周等几天，钱自然会到账。如果不到，再让客户去银行查询和催促。

我给她的答案是，绝对不可以！钱的问题，其实是整个风控体系的核心，是容不得半点马虎的。

第一，客户说交货期很急，是真的很急，没有半点余地？还是说，前后一两周的余地还是有的，只是为了要求供应商尽可能早些交货，采

用的谈判策略？

第二，如果客户真的是骗子，水单是假的，或者故意填错一个字或一个地方，他知道肯定无法到账，会退回去。你到时一旦已经安排生产，他就能找借口跟你谈打折，甚至提出更离谱的要求，还有各种连环套路，你如何应对？

第三，如果客户不是骗子，但是因为种种原因，钱你没收到，退回去了，而你已经安排生产，客户会不会重新汇款一次？会不会取消订单，或者找到更便宜的供应商，然后要你降价？

当然还有其他可能性。

信任客户是好事情，我也很讨厌疑神疑鬼的供应商，看谁都像是骗子，但是这并不代表，你可以在风控的问题上放松警惕。

哪怕客户真的很急，我依然建议收到钱后再安排生产，这才是对公司最负责的态度。因为你是公司的业务员，要对公司负责，有责任给公司降低风险，减少可能发生的任何损失。

这样做，无非就有两个问题会比较麻烦。

问题一：如果客户真的很急，销售时间都是确定好的，广告宣传都做好了，货架也订好了，一切前期工作都已经启动，届时如果没有货，错过了交货期，客户的实际损失和形象损失，将是非常严重的，我们该怎么办？

问题二：客户告知订单很急，已经付了款，要我们立刻安排生产，不能拖延。如果我们以定金未到账，暂时不能安排为由，恐怕会激怒客户，让他觉得我们不信任他，以后再也不找我们合作了。如果我们问他要银行水单，他或许也会认为我们质疑他的诚信，我们又该怎么办？

这其实是两个大课题，但是并不难解决，我们可以有针对性地处理，研究好解决方案，以免真的事到临头才胡乱应对，那就不好了。

二、定金未到，处理订单的思路

如果订单真的是 rush order（紧急订单），根据我个人的经验，业务员可以考虑用以下思路去处理。

第一步：前期的一些准备工作可以先做，比如供应商这边先了解配件和材料的采购时间，工厂这边安排好流水线，包装工厂要协调起来，到时大致需要多少纸箱和内包装，大家先把前期的沟通衔接工作做好。

第二步：确认钱已经到账后，才可以正式安排生产，可以正式采购原材料和配件，各个部门协调和运作，力求短时间内解决问题，进入生产环节。

第三步：全力调动资源进入生产环节，甚至安排外协厂配合，管理并优化供应链，加大产能，尽可能将交货时间提前。

第四步：跟客户保持密切沟通，让对方随时了解订单的最新进展，这样哪怕订单的交货期会延迟，客户也可以提前知道，从而提早研究各种应对策略。

第五步：把控好验货环节，除了最终验货外，还需要把产前验货和产中验货都添加进去，自己把控好品质，提供验货报告给客户参考。越是紧急的订单，其实客户越担心品质出问题，需要打消对方的顾虑，这一步很关键。

第六步：若是已经尽了最大努力，还是无法按照预期的时间出货，怎么都赶不上船期，那可以跟客户协商，空运一小部分货，比如订单的 10%，让客户先收到，先安排销售，不至于无货可卖。剩余的，等完成后，继续走海运。

这六个步骤，基本上可以解决紧急订单的棘手问题，而不至于违规操作，在没有收到钱的情况下，冒险给客户提前安排生产。

说难听点，小订单还好，风险等级不高，哪怕最后不幸出了问题，也不至于伤筋动骨。可如果是大订单呢？损失就没法预先计算了，甚至会让公司的财务状况陷入困境。

大家认为呢？

三、对于急单的预判

我们再看第二个问题，也许客户很急，也许没有那么急，但是客户对于我们质疑他的诚信非常不满，觉得这是对他人格的侮辱。

特别很多西方国家，生意人大多重诚信，谨守契约精神，这本来是没有任何问题的。可现在供应商居然不信任他，居然怀疑他的付款凭证是假的，居然坚持要收到款才能安排生产，这把他的人格置于何地？特别是已经跟你合作过的客户，甚至是老客户，会更加不满，觉得跟你合作了这么久，你居然还怀疑他是骗子，居然不相信他已经付款的事实，那没什么好说的，以后不合作也罢。

那我们要为严格的风控而失去客户，甚至失去大客户吗？

我的答案是，风控依然是必要的，只是这其中的手段和技巧，可以玩得高明一些。这考量的，不是风控本身是否应该，而是业务员的沟通能力和谈判水平。

同样是这个问题，你碰到过，他碰到过，难道我就没碰到过吗？当然不是，大多数外贸人都会碰到一模一样的问题。至于我如何应对客户的质问和质疑，我们继续通过案例来分析，会更加形象。

案例 5–10　毅冰处理客户的诚信质疑

客户：我已经付款了，你这边马上安排生产。

毅冰：好的，非常感谢，我会立刻安排你的订单。只是我们有一些 internal process（内部流程）要走，能否麻烦你提供一下银行水单？我这边可以发给我们的财务人员，让她留存。

客户：我们合作那么久了，难道你还不相信我？你觉得我会骗你，把没付款说成是付款了吗？

毅冰：我当然信任你，只需要你一句话，什么合同、PI，这些都不重要，你的诚信绝对是顶级的。唉！只是我们公司的制度太麻烦了，我每次都很头疼，必须一步接一步，非常死板。客户付款后，财务部门要把付款凭证留底，老板才会签字，然后生产部门才会具体安排生产。我也知道给你带来了麻烦，非常抱歉，只希望你能支持一下我的工作了。

客户：好吧，我晚一点登录网上银行，下载水单后发给你。

其实这就是谈判技巧，先同意客户的观点，同时抱怨自己的公司制度死板，非常麻烦，激起客户的同理心，然后委婉、巧妙地表达意思，就是得到对方的银行水单，也就是付款记录，才能安排生产。

取得银行水单，其实是为了立刻审核，看客户有没有填写错账号信息或者公司信息，如果信息有误，就可以立刻告知客户，让他联系银行，重新汇款。如果没有问题，那钱自然几天内就会到账，就先做前期工作，但是暂时不采购原材料，稍微等几天，等钱真正入账后，就一切落袋为安了，可以操作订单了。

这里面谈判的核心是什么？不是跟客户解释我们公司的政策，没用的，客户不是我们的员工，不会有同理心，也不会认同我们的政策，只会觉得荒唐，会觉得不可理喻，会觉得不尊重客户。所以我们要绕开这个误区，不要去辩驳，也不要去争论，而是认同客户的观点，甚至甩锅给公司，再狠狠帮着客户踩两脚，让客户觉得你完全信任他，就是公司的制度太麻烦了，只能帮你一下了。

这样一来，就可以化解当前面临的大难题，在不影响风控的大前提下，继续稳住客户，不至于因为情绪化的问题而和客户针锋相对。

事在人为，当你觉得困难重重、左右为难的时候，不妨先把自己的思绪放空，把问题罗列出来，然后抽丝剥茧地一条一条解决。

在风控这个环节，清晰的逻辑思维和敏锐的判断能力比什么都重要。

案例索引

插图索引

后记 | POSTSCRIPT

本书是“外贸高手客户成交技巧”系列的第三本书。

300 多个日夜，断断续续思考，犹犹豫豫删减，也就成了今天大家看到的样子。

这不是一本教学类的书。

这仅仅是一个外贸人的经历、感悟和思考，一个老朋友觥筹交错间的娓娓道来。

踩过的坑不少，犯过的错不少。

我不喜欢轻易地鼓励别人坚持，因为很多事情，坚持并不一定就有好的结果。

思维的更新迭代，能力的不断优化，或许才是长期生存的不二法则。

若这个世界淘汰你，或许根本就是瞬间的擦肩而过，连一句再见都没有。

残酷吗？

也许。

我们能做的，或许仅仅是让自己好一些，不一样一些。

若是提炼本书的三个关键词，那就是：

专业；

效率；

差异化。

做不一样的自己。

让明天的你不鄙视今天的自己。

大步向前吧！

毅冰

写在 2019 年 6 月的最后一天

书目介绍

乐 贸 系 列

书名	作者	定价	书号	出版时间
国家出版基金项目				
1. “一带一路”国家投资并购指南	冯 斌 李洪亮 Gvantsa Dzneladze(格) Tamar Menteshashvili(格)	98.00 元	978-7-5175-0422-1	2020 年 3 月第 1 版
2. “质”造全球:消费品出口质量管控指南	SGS 通标标准技术服务有限公司	80.00 元	978-7-5175-0289-0	2018 年 9 月第 1 版
跟着老外学外贸系列				
1. 优势成交:老外这样做销售(第二版)	Abdelhak Benkerroum(阿道)	58.00 元	978-7-5175-0370-5	2019 年 10 月第 2 版
外贸 SOHO 系列				
1. 外贸创业 1.0——SOHO 轻资产创业	毅 冰	59.00 元	978-7-5175-0490-0	2021 年 1 月第 1 版
2. 外贸 SOHO,你会做吗?	黄见华	30.00 元	978-7-5175-0141-1	2016 年 7 月第 1 版
跨境电商系列				
1. 直面危机:跨境电商创业	朱秋城(Mr. Harris)	59.00 元	978-7-5175-0478-8	2021 年 2 月第 1 版
2. 跨境电商全产业链时代:政策红利下迎机遇期	曹 磊 张周平	55.00 元	978-7-5175-0349-1	2019 年 5 月第 1 版
3. 外贸社交媒体营销新思维:向无效社交说 No	May(石少华)	55.00 元	978-7-5175-0270-8	2018 年 6 月第 1 版
4. 跨境电商多平台运营,你会做吗?	董振国 贾 卓	48.00 元	978-7-5175-0255-5	2018 年 1 月第 1 版
5. 跨境电商 3.0 时代——把握外贸转型时代风口	朱秋城(Mr. Harris)	55.00 元	978-7-5175-0140-4	2016 年 9 月第 1 版
6. 118 问玩转速卖通——跨境电商海外淘金全攻略	红 鱼	38.00 元	978-7-5175-0095-7	2016 年 1 月第 1 版
外贸职场高手系列				
1. 外贸会计上班记(第二版)	谭 天	55.00 元	978-7-5175-0439-9	2020 年 7 月第 2 版
2. 开发:在外贸客户发掘中出奇制胜	蔡译民(Chris)	55.00 元	978-7-5175-0425-2	2020 年 6 月第 1 版
3. MR. HUA 创业手记(纪念版)——从 0 到 1 的“老华”创业思维	华 超	69.00 元	978-7-5175-0430-6	2020 年 6 月第 1 版
4. 新人走进外贸圈 职业角色怎么选	黄 涛	45.00 元	978-7-5175-0387-3	2020 年 1 月第 1 版
5. Ben 教你做采购:金牌外贸业务员也要学	朱子赋(Ben)	58.00 元	978-7-5175-0386-6	2020 年 1 月第 1 版
6. 思维对了,订单就来:颠覆外贸底层逻辑	老 A	58.00 元	978-7-5175-0381-1	2020 年 1 月第 1 版

书名	作者	定价	书号	出版时间
7. 从零开始学外贸	外贸人维尼	58.00 元	978-7-5175-0382-8	2019 年 10 月第 1 版
8. 小资本做大品牌:外贸企业品牌运营	黄仁华	58.00 元	978-7-5175-0372-9	2019 年 10 月第 1 版
9. 金牌外贸企业给新员工的内训课	Lily 主编	55.00 元	978-7-5175-0337-8	2019 年 3 月第 1 版
10. 逆境生存:JAC 写给外贸企业的转型战略	JAC	55.00 元	978-7-5175-0315-6	2018 年 11 月第 1 版
11. 外贸大牛的营与销	丹　牛	48.00 元	978-7-5175-0304-0	2018 年 10 月第 1 版
12. 向外土司学外贸 1:业务可以这样做	外土司	55.00 元	978-7-5175-0248-7	2018 年 2 月第 1 版
13. 向外土司学外贸 2:营销可以这样做	外土司	55.00 元	978-7-5175-0247-0	2018 年 2 月第 1 版
14. 阴阳鱼给外贸新人的必修课	阴阳鱼	45.00 元	978-7-5175-0230-2	2017 年 11 月第 1 版
15. JAC 写给外贸公司老板的企管书	JAC	45.00 元	978-7-5175-0225-8	2017 年 10 月第 1 版
16. 外贸大牛的术与道	丹　牛	38.00 元	978-7-5175-0163-3	2016 年 10 月第 1 版
17. JAC 外贸谈判手记——JAC 和他的外贸故事	JAC	45.00 元	978-7-5175-0136-7	2016 年 8 月第 1 版
18. Mr. Hua 创业手记——从 0 到 1 的"华式"创业思维	华　超	45.00 元	978-7-5175-0089-6	2015 年 10 月第 1 版
19. JAC 外贸工具书——JAC 和他的外贸故事	JAC	45.00 元	978-7-5175-0053-7	2015 年 7 月第 1 版
20. 外贸菜鸟成长记(0～3 岁)	何嘉美	35.00 元	978-7-5175-0070-4	2015 年 6 月第 1 版

外贸操作实务子系列

1. 外贸高手客户成交技巧 3:差异生存法则	毅　冰	69.00 元	978-7-5175-0378-1	2019 年 9 月第 1 版
2. 外贸高手客户成交技巧 2——揭秘买手思维	毅　冰	55.00 元	978-7-5175-0232-6	2018 年 1 月第 1 版
3. 外贸业务经理人手册(第三版)	陈文培	48.00 元	978-7-5175-0200-5	2017 年 6 月第 3 版
4. 外贸全流程攻略——进出口经理跟单手记(第二版)	温伟雄(马克老温)	38.00 元	978-7-5175-0197-8	2017 年 4 月第 2 版
5. 金牌外贸业务员找客户(第三版)——跨境电商时代开发客户的 9 种方法	张劲松	40.00 元	978-7-5175-0098-8	2016 年 1 月第 3 版
6. 实用外贸技巧助你轻松拿订单(第二版)	王陶(波锅涅)	30.00 元	978-7-5175-0072-8	2015 年 7 月第 2 版
7. 出口营销实战(第三版)	黄泰山	45.00 元	978-7-80165-932-3	2013 年 1 月第 3 版
8. 外贸实务疑难解惑 220 例	张浩清	38.00 元	978-7-80165-853-1	2012 年 1 月第 1 版
9. 外贸高手客户成交技巧	毅　冰	35.00 元	978-7-80165-841-8	2012 年 1 月第 1 版
10. 报检七日通	徐荣才　朱瑾瑜	22.00 元	978-7-80165-715-2	2010 年 8 月第 1 版
11. 外贸实用工具手册	本书编委会	32.00 元	978-7-80165-558-5	2009 年 1 月第 1 版
12. 快乐外贸七讲	朱芷萱	22.00 元	978-7-80165-373-4	2009 年 1 月第 1 版
13. 外贸七日通(最新修订版)	黄海涛(深海鱿鱼)	22.00 元	978-7-80165-397-0	2008 年 8 月第 3 版

出口风险管理子系列

1. 轻松应对出口法律风险	韩宝庆	39.80 元	978-7-80165-822-7	2011 年 9 月第 1 版

书名	作者	定价	书号	出版时间
2. 出口风险管理实务(第二版)	冯　斌	48.00 元	978-7-80165-725-1	2010 年 4 月第 2 版
3. 50 种出口风险防范	王新华　陈丹凤	35.00 元	978-7-80165-647-6	2009 年 8 月第 1 版

外贸单证操作子系列

书名	作者	定价	书号	出版时间
1. 跟单信用证一本通(第二版)	何　源	48.00 元	978-7-5175-0249-4	2018 年 9 月第 2 版
2. 外贸单证经理的成长日记(第二版)	曹顺祥	40.00 元	978-7-5175-0130-5	2016 年 6 月第 2 版
3. 信用证审单有问有答 280 例	李一平　徐珺	37.00 元	978-7-80165-761-9	2010 年 8 月第 1 版
4. 外贸单证解惑 280 例	龚玉和　齐朝阳	38.00 元	978-7-80165-638-4	2009 年 7 月第 1 版
5. 信用证 6 小时教程	黄海涛(深海鱿鱼)	25.00 元	978-7-80165-624-7	2009 年 4 月第 2 版
6. 跟单高手教你做跟单	汪　德	32.00 元	978-7-80165-623-0	2009 年 4 月第 1 版

福步外贸高手子系列

书名	作者	定价	书号	出版时间
1. 外贸技巧与邮件实战(第二版)	刘　云	38.00 元	978-7-5175-0221-0	2017 年 8 月第 2 版
2. 外贸电邮营销实战——小小开发信　订单滚滚来(第二版)	薄如骢	45.00 元	978-7-5175-0126-8	2016 年 5 月第 2 版
3. 巧用外贸邮件拿订单	刘　裕	45.00 元	978-7-80165-966-8	2013 年 8 月第 1 版

国际物流操作子系列

书名	作者	定价	书号	出版时间
1. 货代高手教你做货代——优秀货代笔记(第二版)	何银星	33.00 元	978-7-5175-0003-2	2014 年 2 月第 2 版
2. 国际物流操作风险防范——技巧·案例分析	孙家庆	32.00 元	978-7-80165-577-6	2009 年 4 月第 1 版

通关实务子系列

书名	作者	定价	书号	出版时间
1. 外贸企业轻松应对海关估价	熊　斌　赖　芸　王卫宁	35.00 元	978-7-80165-895-1	2012 年 9 月第 1 版
2. 报关实务一本通(第二版)	苏州工业园区海关	35.00 元	978-7-80165-889-0	2012 年 8 月第 2 版
3. 如何通过原产地证尽享关税优惠	南京出入境检验检疫局	50.00 元	978-7-80165-614-8	2009 年 4 月第 3 版

彻底搞懂子系列

书名	作者	定价	书号	出版时间
1. 彻底搞懂信用证(第三版)	王腾　曹红波	55.00 元	978-7-5175-0264-7	2018 年 5 月第 3 版
2. 彻底搞懂关税(第二版)	孙金彦	43.00 元	978-7-5175-0172-5	2017 年 1 月第 2 版
3. 彻底搞懂提单(第二版)	张敏　张鹏飞	38.00 元	978-7-5175-0164-0	2016 年 12 月第 2 版
4. 彻底搞懂中国自由贸易区优惠	刘德标　祖月	34.00 元	978-7-80165-762-6	2010 年 8 月第 1 版
5. 彻底搞懂贸易术语	陈　岩	33.00 元	978-7-80165-719-0	2010 年 2 月第 1 版
6. 彻底搞懂海运航线	唐丽敏	25.00 元	978-7-80165-644-5	2009 年 7 月第 1 版

外贸英语实战子系列

书名	作者	定价	书号	出版时间
1. 十天搞定外贸函电(白金版)	毅　冰	69.00 元	978-7-5175-0347-7	2019 年 4 月第 2 版
2. 让外贸邮件说话——读懂客户心理的分析术	蔡泽民(Chris)	38.00 元	978-7-5175-0167-1	2016 年 12 月第 1 版

书名	作者	定价	书号	出版时间
3. 外贸高手的口语秘籍	李　凤	35.00 元	978-7-80165-838-8	2012 年 2 月第 1 版
4. 外贸英语函电实战	梁金水	25.00 元	978-7-80165-705-3	2010 年 1 月第 1 版
5. 外贸英语口语一本通	刘新法	29.00 元	978-7-80165-537-0	2008 年 8 月第 1 版

外贸谈判子系列

1. 外贸英语谈判实战（第二版）	王慧　仲颖	38.00 元	978-7-5175-0111-4	2016 年 3 月第 2 版
2. 外贸谈判策略与技巧	赵立民	26.00 元	978-7-80165-645-2	2009 年 7 月第 1 版

国际商务往来子系列

国际商务礼仪大讲堂	李嘉珊	26.00 元	978-7-80165-640-7	2009 年 12 月第 1 版

贸易展会子系列

外贸参展全攻略——如何有效参加 **B2B** 贸易商展（第三版）	钟景松	38.00 元	978-7-5175-0076-6	2015 年 8 月第 3 版

区域市场开发子系列

中东市场开发实战	刘军　沈一强	28.00 元	978-7-80165-650-6	2009 年 9 月第 1 版

加工贸易操作子系列

1. 加工贸易实务操作与技巧	熊　斌	35.00 元	978-7-80165-809-8	2011 年 4 月第 1 版
2. 加工贸易达人速成——操作案例与技巧	陈秋霞	28.00 元	978-7-80165-891-3	2012 年 7 月第 1 版

乐税子系列

1. 外贸企业免退税实务——经验 · 技巧分享（第二版）	徐玉树　罗玉芳	55.00 元	978-7-5175-0428-3	2020 年 5 月第 2 版
2. 外贸会计账务处理实务——经验 · 技巧分享	徐玉树	38.00 元	978-7-80165-958-3	2013 年 8 月第 1 版
3. 生产企业免抵退税实务——经验 · 技巧分享(第二版)	徐玉树	42.00 元	978-7-80165-936-1	2013 年 2 月第 2 版
4. 外贸企业出口退（免）税常见错误解析 **100** 例	周朝勇	49.80 元	978-7-80165-933-0	2013 年 2 月第 1 版
5. 生产企业出口退（免）税常见错误解析 **115** 例	周朝勇	49.80 元	978-7-80165-901-9	2013 年 1 月第 1 版
6. 外汇核销指南	陈文培等	22.00 元	978-7-80165-824-1	2011 年 8 月第 1 版
7. 外贸企业出口退税操作手册	中国出口退税咨询网	42.00 元	978-7-80165-818-0	2011 年 5 月第 1 版
8. 生产企业免抵退税从入门到精通	中国出口退税咨询网	98.00 元	978-7-80165-695-7	2010 年 1 月第 1 版
9. 出口涉税会计实务精要（《外贸会计实务精要》第二版）	龙博客工作室	32.00 元	978-7-80165-660-5	2009 年 9 月第 2 版

书名	作者	定价	书号	出版时间

专业报告子系列

1. 国际工程风险管理	张　燎	1980.00 元	978-7-80165-708-4	2010 年 1 月第 1 版
2. 涉外型企业海关事务风险管理报告	《涉外型企业海关事务风险管理报告》研究小组	1980.00 元	978-7-80165-666-7	2009 年 10 月第 1 版

外贸企业管理子系列

1. 外贸经理人的 MBA	毅　冰	55.00 元	978-7-5175-0305-7	2018 年 10 月第 1 版
2. 小企业做大外贸的制胜法则——职业外贸经理人带队伍手记	胡伟锋	35.00 元	978-7-5175-0071-1	2015 年 7 月第 1 版
3. 小企业做大外贸的四项修炼	胡伟锋	26.00 元	978-7-80165-673-5	2010 年 1 月第 1 版

国际贸易金融子系列

1. 国际结算单证热点疑义相与析	天九湾贸易金融研究汇	55.00 元	978-7-5175-0292-0	2018 年 9 月第 1 版
2. 国际结算与贸易融资实务（第二版）	李华根	55.00 元	978-7-5175-0252-4	2018 年 3 月第 1 版
3. 信用证风险防范与纠纷处理技巧	李道金	45.00 元	978-7-5175-0079-7	2015 年 10 月第 1 版
4. 国际贸易金融服务全程通（第二版）	郭党怀 张丽君 张贝	43.00 元	978-7-80165-864-7	2012 年 1 月第 2 版
5. 国际结算与贸易融资实务	李华根	42.00 元	978-7-80165-847-0	2011 年 12 月第 1 版

毅冰谈外贸子系列

毅冰私房英语书——七天秀出外贸口语	毅　冰	35.00 元	978-7-80165-965-1	2013 年 9 月第 1 版

“创新型”跨境电商实训教材

跨境电子商务概论与实践	冯晓宁	48.00 元	978-7-5175-0313-2	2019 年 1 月第 1 版

“实用型”报关与国际货运专业教材

1. 国际货运代理操作实务（第二版）	杨鹏强	48.00 元	978-7-5175-0364-4	2019 年 8 月第 2 版
2. 集装箱班轮运输与管理实务	林益松	48.00 元	978-7-5175-0339-2	2019 年 3 月第 1 版
3. 航空货运代理实务（第二版）	杨鹏强	55.00 元	978-7-5175-0336-1	2019 年 1 月第 2 版
4. 进出口商品归类实务（第三版）	林　青	48.00 元	978-7-5175-0251-7	2018 年 3 月第 3 版
5. e 时代报关实务	王　云	40.00 元	978-7-5175-0142-8	2016 年 6 月第 1 版
6. 供应链管理实务	张远昌	48.00 元	978-7-5175-0051-3	2015 年 4 月第 1 版

书名	作者	定价	书号	出版时间
7. 电子口岸实务(第二版)	林　青	35.00 元	978-7-5175-0027-8	2014 年 6 月第 2 版
8. 报检实务(第二版)	孔德民	38.00 元	978-7-80165-999-6	2014 年 3 月第 2 版
9. 现代关税实务(第二版)	李　齐	35.00 元	978-7-80165-862-3	2012 年 1 月第 2 版
10. 国际贸易单证实务(第二版)	丁行政	45.00 元	978-7-80165-855-5	2012 年 1 月第 2 版
11. 报关实务(第三版)	杨鹏强	45.00 元	978-7-80165-825-8	2011 年 9 月第 3 版
12. 海关概论(第二版)	王意家	36.00 元	978-7-80165-805-0	2011 年 4 月第 2 版

“精讲型”国际贸易核心课程教材

1. 国际贸易实务精讲(第七版)	田运银	49.50 元	978-7-5175-0260-9	2018 年 4 月第 7 版
2. 国际货运代理实务精讲(第二版)	杨占林　汤　兴　官敏发	48.00 元	978-7-5175-0147-3	2016 年 8 月第 2 版
3. 海关法教程(第三版)	刘达芳	45.00 元	978-7-5175-0113-8	2016 年 4 月第 3 版
4. 国际电子商务实务精讲(第二版)	冯晓宁	45.00 元	978-7-5175-0092-6	2016 年 3 月第 2 版
5. 国际贸易单证精讲(第四版)	田运银	45.00 元	978-7-5175-0058-2	2015 年 6 月第 4 版
6. 国际贸易操作实训精讲(第二版)	田运银　胡少甫　史　理　朱东红	48.00 元	978-7-5175-0052-0	2015 年 2 月第 2 版
7. 进出口商品归类实务精讲	倪淑如　倪　波　田运银	48.00 元	978-7-5175-0016-2	2014 年 7 月第 1 版
8. 外贸单证实训精讲	龚玉和　齐朝阳	42.00 元	978-7-80165-937-8	2013 年 4 月第 1 版
9. 外贸英语函电实务精讲	傅龙海	42.00 元	978-7-80165-935-4	2013 年 2 月第 1 版
10. 国际结算实务精讲	庄乐梅　李　菁	49.80 元	978-7-80165-929-3	2013 年 1 月第 1 版
11. 报关实务精讲	孔德民	48.00 元	978-7-80165-886-9	2012 年 6 月第 1 版
12. 国际商务谈判实务精讲	王　慧　唐力忻	26.00 元	978-7-80165-826-5	2011 年 9 月第 1 版
13. 国际会展实务精讲	王重和	38.00 元	978-7-80165-807-4	2011 年 5 月第 1 版
14. 国际贸易实务疑难解答	田运银	20.00 元	978-7-80165-718-3	2010 年 9 月第 1 版

“实用型”国际贸易课程教材

1. 进出口商品归类教程	李锐文　林坚弟	60.00 元	978-7-5175-0518-1	2021 年 9 月第 1 版
2. 外贸跟单实务(第二版)	罗　艳	48.00 元	978-7-5175-0338-5	2019 年 1 月第 2 版
3. 海关报关实务	倪淑如　倪　波	48.00 元	978-7-5175-0150-3	2016 年 9 月第 1 版
4. 国际金融实务	李　齐　唐晓林	48.00 元	978-7-5175-0134-3	2016 年 6 月第 1 版
5. 国际贸易实务	丁行政　罗　艳	48.00 元	978-7-80165-962-0	2013 年 8 月第 1 版

中小企业财会实务操作系列丛书

1. 做顶尖成本会计应知应会 150 问(第二版)	张　胜	48.00 元	978-7-5175-0275-3	2018 年 6 月第 2 版
2. 小企业会计疑难解惑 300 例	刘　华　刘方周	39.80 元	978-7-80165-845-6	2012 年 1 月第 1 版
3. 会计实务操作一本通	吴虹雁	35.00 元	978-7-80165-751-0	2010 年 8 月第 1 版